本书系国家社会科学基金项目"商业生态系统与制造企业价值网平台战略研究"（项目批准号：14BGL011）成果

制造强国

盛革　季六祥 ■ 著

商业生态系统与制造企业价值网平台战略

Manufacturing Powerhouse

Business Ecosystem and the Strategy of
Manufacturing Enterprise Value Network Platform

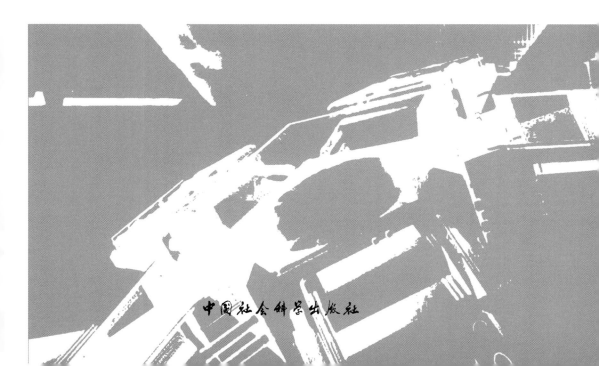

中国社会科学出版社

图书在版编目（CIP）数据

制造强国：商业生态系统与制造企业价值网平台战略 / 盛革，季六祥著.
—北京：中国社会科学出版社，2021.4
ISBN 978 – 7 – 5203 – 8230 – 4

Ⅰ.①制…　Ⅱ.①盛…②季…　Ⅲ.①制造工业—企业管理—研究—
中国　Ⅳ.①F425

中国版本图书馆 CIP 数据核字（2021）第 064056 号

出 版 人	赵剑英	
责任编辑	马　明	
责任校对	赵　洋	
责任印制	王　超	

出　　版	中国社会科学出版社	
社　　址	北京鼓楼西大街甲 158 号	
邮　　编	100720	
网　　址	http://www.csspw.cn	
发 行 部	010 – 84083685	
门 市 部	010 – 84029450	
经　　销	新华书店及其他书店	

印　　刷	北京明恒达印务有限公司
装　　订	廊坊市广阳区广增装订厂
版　　次	2021 年 4 月第 1 版
印　　次	2021 年 4 月第 1 次印刷

开　　本	710×1000　1/16
印　　张	11
字　　数	135 千字
定　　价	59.00 元

目　　录

导　言

　　国际金融危机后，以美国为首的西方发达国家不得不深刻反思之前"去工业化"带来的后果及其根源，以至于政府与学界达成了广泛共识，即金融创新无法真正取代源于实体经济中的实体创新，后者固然是驱动经济可持续增长的决定性因素，甚至强调了回归以出口推动型增长和制造业增长乃是不二之选。为此，美国奥巴马政府率先提出了"新经济战略"概念，被学界定义为"再工业化"战略，具体如：美国制定的"先进制造业国家战略"、德国推出的"工业4.0"版本、法国实施的"新工业法国计划"、日本推行的"制造业竞争策略"等，核心是借助于其具有的先进制造业优势来重构实体经济，进而占领世界制造业发展的制高点。与此同时，一些新兴经济体国家则主要依靠其竞争性货币贬值和低廉的要素价格优势，也不断加快了承接来自全球区域性中低端制造业的转移，旨在逐渐替代中国成为新的劳动密集型产业投资目的地。另外，随着新一轮科技和产业变革特别是制造业与信息技术的深度融合，加速了诸如大数据、云计算、物联网、移动互联网等新一代信息技术的推广应用，以3D打印增量制造技术为代表的数字化制造技术、以工业机器人为代表的智能制造技术以及以碳纤维复合材料为代表的新材料技术等发展迅猛，推动了制造业发展理念、技术体系、制造模式和价值链的重大变革，促进包括智能制造、网络制造、柔性制造等日益成为主流生产方式，进而重塑全球制造业发展的新格局。

近年来，中国始终坚持创新、协调、绿色、开放、共享的发展理念，加快产业结构调整和促进产业转型升级实际成为国家产业政策的长期走向，生产性服务业资源已从区域内整合基础上快速推向跨区域协作乃至全球化配置，通过不断创新生产方式，加速先进制造模式的应用推广和升级替代，以及借助自身生产要素比较优势和日趋强化的协同创新驱动力，无疑确立了中国作为新的全球制造业中心和制造业大国地位。

当今，以产业融合和价值网为主要特征的商业生态系统得到日益强化，产业互相渗透、延伸和重组，企业间结成价值网平台。从行业角度看，平台经济被视为新一轮经济增长的重要引擎，平台战略已然成为众多企业的核心战略。有鉴于此，本研究基于商业生态系统的理论视角，通过系统解构制造企业价值网平台战略，旨在破解产业企业转型升级中遇到的障碍或难题，包括提供一个基于价值网平台战略的整体解决方案，便尤显迫切和必要。

本研究的研究方法：在文献检索、资料收集、实地调研以及相关地区政府部门合作基础上，借鉴国内外典型实践经验和最新理论成果，综合运用计算机网络技术和系统论、战略管理、产业集群、知识管理、制度创新等理论的基本原理和方法论，以商业生态系统、价值网和平台战略理论为分析工具，构建分析框架，刻画解构模型，力求理论研究前沿性、体系性和操作方案的普适性。

图 1 是本研究的基本框架:

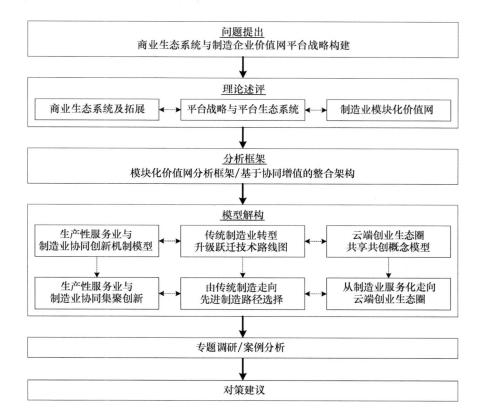

图 1　本书研究框架

研究内容共分十个章节。

第一章:商业生态系统及拓展。构建产业企业级商业生态系统,有助于实现资源共享、信息共享和价值共创,是现代企业走向成功的关键所在。引入商业生态系统分析模型,可为制造业及企业战略升级提供有利的生态价值导向,进而可实现制造业态多层次、企业全方位的生态融合创新与生态价值网创造范式。本章通过对商业生态系统内的企业角色与其战略匹配的理论解读，强调驱动商业生态系统的内生动力或核心机制是一个以互动或服务为主导逻辑的价值共创过程，价值共创是商业生态系统价值实现的核心；通过归纳商业生态系统的演化机制和治理模式，指出创新生态系统战略是企业摆脱创新困境的有效途径；通过构建产业集群生态系统，旨在促进产业集群升级发展并由此获得可持续性及整体竞争优势，并就大数据商业生态系统的结构特征作了解释。

第二章：平台战略与平台生态系统。平台战略的实质是构建一个能够满足诸多参与者主体共享共创的商业生态系统，在商业生态系统内需要设计并提供不同的补贴政策和特定的互动机制，从而激发群体间的网络效应，使各方群体产生归属感，旨在最终实现多方共赢。平台生态系统实际是以平台为中介的商业生态系统，参与组建平台生态系统是行业企业发展的战略方向，将有利于优化行业企业的存续环境，扩大其自身的资源优势和竞争优势。"互联网＋"数字化平台发展旨在促进价值共创的多元化行为与良性互动，关键是能够促使创新社群更好地融入价值共创实践中，实现包括机构和社群在内的多主体参与、多元化行为、全方位互动的价值共享共创模式，这也是本章重点探讨的内容。

第三章：制造业模块化价值网。制造业模块化价值网模式是以信任、共享、合作与竞争结盟为核心机制和结构内涵，其范畴可覆盖一个跨行业、跨区域乃至全球化的商务社区。本章重点刻画了一个关于制造业模块化价值网的体系结构，并对先进制造业模块化价值网的形态结构作了简单描述；通过系统阐明模块化价值网中的知识管理过程，初步构建了基于模块化价值网的会计信息系统，继而提出基于模块化价值网运作的成本要素及核算方法。

　　第四章：基于协同增值的整合架构。本章首先是切入最重要的增值意义和协同视角，从一般概念上阐明商业生态系统、价值网和企业数字化平台的内在关联，由此确立了协同增值的分析框架；其次描绘价值网与企业数字化平台互构实现的协同增值模式；最后，着重于价值共享共创管理集的理论构建，包括作出商业生态系统情景下企业价值网平台的虚拟界面，进而提供一个关于价值共享共创管理集的参考模型，或类似于一个整体解决方案的设计架构。据此认为，商业生态系统是一个全程式网络生态系统与竞合型的敏捷虚拟化组织，具有主动适应、自我改善、持续优化和自组织实时更新的全能机制，其实质在于系统构建协同增值的网络模式和价值共享共创结构；引入价值网分析模型以满足全面增值绩效设计或最优目标规划，而企业数字化平台则提供了全面工具协同及系统操作平台，二者互构实现，即为商业生态系统虚拟运行的网络模式；其进一步实现的协同增值管理范式，即一个基于 Web 门户界面的价值共享共创管理集。

　　第五章：生产性服务业与制造业协同集聚创新。本章基于价值网分析视角，从一般理论意义上作出了一个关于商业生态系统中生产性服务业与制造业协同创新的机制模型。通过阐明产业集群内企业间的协同创新、生产性服务业与制造业协同创新的机制或模式，借以分析传统制造业低效的分工体系和交易效率对产业转型升级以及生产性服务业创新发展构成的制约因素，为破解生产性服务业与制造业供需低效平衡、生产性服务需求不足的难题提供了新的思路。

　　第六章：从传统制造走向先进制造。制造业转型升级的目标预期是发展先进制造业。在产业模块化条件下，因传统制造企业往往处于价值网低层的模块供应商的"被俘"困境，必须首先提升自身的核心能力，以取代模块系统集成商，并完成第一步转型升级。第二步是从模块系统集成商到系统规则设计商的转型升级，即模块系统集成商可通过降低规则设计商的技术地位，加速现有规则退市，并以模块创新为突破口，重新制定新规则，从而实现向系统规则设计商的转型升级。本章重点规划了一个关于传统制造业向先进制造业生态体系跃迁的技术路线图，将有助于破解中国传统制造企业向先进制造企业转型升级的难题，以及为产业企业转型升级提供可行路径或模式参照。

第七章：从制造业服务化走向云端创业生态圈。本章基于服务化视角和创业逻辑，通过描述制造业服务化发展的基本轨迹和阶段特征，并引入大数据、云计算和云网络等环境概念，初步提出关于云端创业生态圈的概念范式，包括确立云端创业生态圈的多主体关系结构，构建云端创业生态圈的共享模型，作出制造业云生态体系规划下的操作范式，旨在最终破解因全球价值链"微笑曲线"带入的理论难题。研究认为，制造业服务化发展循以"中介服务—制造服务—定制化服务—云制造服务—云端创业服务"的逻辑进程，制造模式及服务化业态的演化路径为：面向服务的制造—面向制造的服务—服务型制造—云制造—云端创业生态圈。从制造业服务化发展规划意义上，云端创业生态圈只是一个概念范式，实质是面向制造业全领域、全业态并提供制造全生命周期云服务的云端创业共享范式，核心是驱动"云提供端—云平台—云需求端"创业循环，从而实现基于全面云服务与云端创业共享的生态范式。这一概念范式的规划实现，可为制造业服务化发展提供一种逻辑导向和分析框架，或进一步描绘了一个制造业服务化发展的未来图景。

第八章：肇庆高新区制造业转型升级考察。肇庆高新区制造业转型升级实践在区域经济发展和产业转型升级比较中具有典型意义。分析认为，高新区需要努力探寻金属材料与汽车零部件产业融合发展，协同创新的新思路、新方法，尽快形成"双轮驱动"的产业增长模式。为此建议：一是设立"肇庆高新区金属材料与汽车产业协同创新发展引导基金"；二是优化和完善高新区商业生态系统环境，制定实施汽车零部件、先进装备制造、金属材料三大主导产业协同创新平台战略；三是加快建设"智慧高新区"，核心是构建智慧型园区运行生态系统、园区产业生态体系和园区产业协同创新平台，努力推进高新区在新时代背景下实现三大主导产业的跨越发展。

　　第九章：案例分析。本章分析了广东中山市小榄镇推动生产性服务业与传统制造业协同创新实践；海尔集团搭建网络化智能工厂与平台创新实践；京东集团打造基于"互联网＋"协同制造的智能硬件虚拟孵化平台的实践探索。通过对以上三个典型案例的分析发现：有关产业企业转型升级的研究成果是通过影响产业政策的制定与实施以及在实践中发挥指导作用，而理论提出的关于产业企业转型升级的机制或模式又必须能够在实践中得以验证，并同时检验其政策效果，表明在"理论—政策—实践"循环互动中取得了成效。产业企业转型升级没有统一的模式可循，必须依据区域发展的不同阶段、不同定位以及对产业选择作出的政策安排，并充分考虑产业企业发展所处的阶段性特点以及行业、市场发展在时间与空间演化的规律，选择适合其自身的升级路径和发展模式。加速传统制造业向先进制造业转型升级是长期依归的正确方向，推动简单低端产品制造向高端制造和服务型制造转型是制造业发展的必然趋势，这将决定着制造业行业企业发展的未来走向。在制造业商业生态系统条件下，有利于打造高端制造、先进制造的云端创业生态圈。

　　第十章：对策建议。一是企业层面：充分利用"互联网＋"技术手段扩大互动的广度和深度，创新互动形式；中小制造企业与互联网融合构建平台生态系统，可从企业、行业、区域不同层面开展；跟进商业生态系统发展趋势，利用数据提高整合内生与外部资源能力，为企业转型升级开辟新思路；制造业企业服务化转型应构建用户导向的利益相关者价值共享共创网络；平台核心企业应提升企业的盈利能力和建立开放式价值网；平台核心企业应加强平台治理，强化商业生态竞争优势；传统大型制造企业谋划平台战略。二是行业及政府层面：坚持创新驱动，通过高新技术与传统制造业的高度融合，巩固传统制造业的比较优势；坚持供给侧结构性改革，退出高能耗、高物耗、高污染、低附加值以及用现代技术改造提升见效慢的产业领域；促进工业化和信息化进一步融合发展；引导生产性服务业集聚发展；促进制造业服务化向纵深发展；强化产业链协同创新与升级发展；构建基于价值网的产学研协同创新平台；积极发展工业互联网；提升产品质量支持服务；着力推动制造企业制定实施品牌发展战略；促进制造企业与金融租赁公司、融资租赁公司加强合作；鼓励制造企业形成知识产权资产组合；大型制造企业发展开发式创新创业平台；加强各类平台建设和运营管理；培养技术技能人才和应用型人才；充分发挥行业中介组织的服务作用；完善商业生态系统和营商环境；等等。

第一章

商业生态系统及拓展

在竞争加剧的环境下，借助于生态系统理念和进化法则，重构产业企业商业生态系统，旨在充分整合和高效利用各级各类营商资源，以应对企业所处内外环境的复杂性和快速改变，这不仅可满足企业的存续之需，还有助于实现资源共享、信息共享、价值共创与共享，甚至被视为现代企业走向成功的关键所在。通过引入商业生态系统分析，能够为制造业及企业战略升级提供有利的生态价值导向。充分运用或有效移植商业生态系统特有的多主体共赢、竞争与合作、协同共享共创、最优复杂性组织机制和绿色创新创业模式，以及在长期适应性进化中获得的自我进化和可持续能力，借以实现制造业态多层次、企业全方位的生态融合创新与生态价值网创造范式。

商业生态系统强调企业的经营环境是一个彼此关联、相互依存的共生关系，系统中成员之间的分工协作将更加紧密，通过积极整合和充分利用内外部资源和能力，持续实现整个生态系统的价值共创。行业企业构建商业生态系统的战略目标和长期需要是形成系统性、可持续及整体竞争优势，而价值共创则是商业生态系统价值实现的核心所在。在此意义上，商业生态系统被视为一个基于生态逻辑、系统进化与最优化的价值创造共同体。

第一节　商业生态系统的理论涵盖

美国经济学家 Moore（1993）首次提出了商业生态系统（Business Ecosystem，BES）概念，并将其定义为一种基于组织互动的经济联合体。之后，Moore（1998）对其定义进行了扩展，即由客户、供应商、主要生产商、投资商、贸易合作伙伴、标准制定机构、政府、工会、社会公共服务机构和其他利益相关者等具有一定利益关系的组织或群体构成的动态结构系统。商业生态系统一般具有复杂适应系统的典型特征（Peltoniem & Vuori，2004），是由围绕在某项核心技术周围、相互依赖的供应商和客户组成的网络（Hartigh et al.，2006），这种网络可为企业提供资源、合作伙伴以及重要市场信息，是基于网络内部成员之间长期的互动关系形成的，能够激发系统需要的创新创业洞察力（Zahra，Nambisan，2012）。Kim 等（2010）则强调商业生态系统是由一些企业、高校、研究中心、公共机构以及其他可能影响这个系统的组织组成的动态结构。一般而言，商业生态系统是指企业通过复杂的交互关系，各自追求不同但相互促进的收益，最终形成紧密的内在交互关系进而产生具有稳定性、适应性和复杂性的网络组织结构，同时商业生态系统能够有效应对交易成本和外部环境风险，即一种介于市场交易和科层管理之间的混合交易机制，且通常围绕一个或若干核心企业的系统构建和运行。

学界关于商业生态系统的理论研究，主要开展于以下三方面。一是阐述概念框架和系统特征。如潘剑英和王重鸣（2012）指出商业生态系统具有动态性、交互性和创新性等本质特征。崔淼和李万玲（2017）则强调专业互补、资源共享、价值共创和共同演化是商业生态系统的内在表征。石涌江等（2018）认为商业生态系统包含了产业系统、资源池、创新路由器和回馈社会网络四个子系统。李杰（2019）明确指出商业生态系统具有的多个共生关系实际构成了一个关于商业生态系统的价值网。二是系统发展规律和内部机制分析。Moore（1996）、Garnsey 和 Leong（2008）提出了结构模型。肖磊和李仕明（2009）提出商业生态系统包含了三个重要结构：时间结构（商业生态系统的生命周期）、价值结构（指联合体创造消费者所需的价值）、形态结构（即商业生态系统由价值创造单元及其链接构成，各单元地位并不平等，是嵌套的网络结构），指出价值流动和价值创造是商业生态系统中并重的两大要素。Iansiti 和 Levin（2002）、Hartigh 等（2006）构建了健康状况评价模型。Iansiti 和 Levien（2004a；2004b）提供了系统内部企业角色与战略匹配模型，即通过区分系统成员角色，将其对应的企业战略划分为网络核心型、支配主宰型和市场缝隙型三类。李强和揭筱纹（2013）依据系统中企业基本的战略形态，提出构建"系统健康—战略行为—企业价值"范式。三是系统理论的应用研究。如 Kim 等（2010）以 Google、IBM 为例分析了旗舰企业的战略选择问题。Zhang 和 Liang（2011）对中国移动进行了案例研究。Radhika 等指出，旗舰企业能够有效创建与股票价值关联的生态系统，通过开发先进的工具，用以提高网络成员的生产力，并鼓励和吸引潜在成员的加入。夏清华和陈超（2016）以海尔为例，探讨了中国传统制造企业转型对其商业生态的成员结构、相互关系及功能变化的影响。赵梅（2017）通过对阿里巴巴集团和苹果公司商业生态系统的解析，提出骨干型企业在商业生态系统发展演进不同阶段的战略重点。池仁勇和乐乐（2017）以浙江临安昌化镇白牛村为例，剖析了淘宝村产业微生态的运行机制和演化路径。

　　归纳来看，处在商业生态系统中的企业角色及其战略定位至少构成了三个层级：①少数顶层的网络核心企业处在系统的领导者地位，战略重心是主导价值创造与共享；②中层的若干网络支撑企业作为系统的骨干成员或关键节点，战略目标是实现协同共生与优势互补；③多数基层网络单元企业，一般分布于系统节点的末端位置，战略选择应当是高度差异化和深度专业化。

第二节　商业生态系统效率与价值

　　商业生态系统价值被简单归纳为相较市场交易和科层管理提高了交易价值创造（Anggraeni et al.，2007）、降低了系统承受的风险（Anggraeni et al.，2007；Iansiti & Levien，2004a）；其整体价值则在于企业共享部分资源而提高资源利用效率，使系统总产出超过了个体产出的总和（Levin，1999）。在降低风险和环境冲击方面，商业生态系统改变了以往基于业务交易而随机组合的交易关系，以长期稳定的交易结构降低了创新成本，实现可持续创新（Moore，1993；1996），以及通过扩大企业的关系网络，提高合作伙伴的多样性，以降低风险（Hartigh et al.，2006）。因而企业在发展自身核心竞争力的过程中组织或加入交易成本低而生产效率高、抗风险能力强以及具备稳健性和自我修复能力、能帮助企业迅速适应环境并抓住商机的商业生态系统，通过依托包括策略性非随机性交易结构（Moore，1993）、企业关系网络（Powell，1990）、企业合作网络（Haspeslagh & Jemison，1991）等交互关系的商业生态系统各主体间协同效应，提高企业自身的效率、稳健性和适应性

（Teece，2016）。从成功商业生态系统的研究视角看，商业生态系统价值取决于该生态系统根据信息不断再配置资本的效率（Power & Jerjian，2001）。商业生态系统的生产效率（Iansiti & Levin，2004a；2004b）、自我稳健性（Iansiti & Levin，2004a；2004b）以及为系统内企业或潜在新加入者带来商机的能力大小（Iansiti & Levin，2010）是衡量商业生态系统是否成功的标准。因此选择稳健合作伙伴（Hartigh et al.，2006）、最优的资源交换和价值创造的交互机制（Westerlund et al.，2014）成为决定系统效率的重要因素。概括而言，商业生态系统作为一种典型的中间组织，核心问题是通过交易成本、交易价值、交易风险三个标尺的设计，吸引合作对象为了最大化各自的价值创造而合作（魏炜等，2016）。

第三节　商业生态系统的价值共创

价值共创理论或较好地解释了商业生态系统的内生动力或核心机制。Prahalad（2000）最早认为企业未来竞争将依赖于一种新的价值创造方式，即由消费者与企业共同创造，由此打破了价值由企业创造的传统价值创造论（武文珍、陈启杰，2012）。之后，Prahalad 和 Ramaswamy（2004）、Vargo 和 Lusch（2004）分别提出以"互动"或"服务"为主导逻辑的价值共创理论，主张价值共创的主要方式是互动或者服务，认为创造消费者的体验价值是价值共创的本质。广义的价值共创强调了用户贯穿于整个价值链的过程，共创使用价值或体验价值。然而处在商业生态系统中的价值共创不仅仅是共创价值，更重要的是厂商和客户一起发现价值、采取共同行动追求价值，即共享价值（Vargo & Lusch，2016；Rebecca et al.，2016）。张祥建和钟军委（2015）指出数据挖掘、制度环境、利益分配、价值整合是实现价值共创的关键环节。简兆权等（2016）基于顾客体验、服务主导逻辑、服务逻辑、服务科学和服务生态系统五个价值共创视角，为复杂网络环境下多个参与者共创价值的研究提供了理论依据。王丽平和李艳（2018）则从数据挖掘、制度环境、利益分配、价值整合等方面构建了O2O商业生态系统价值共创机制。同时基于商业生态系统发展趋势分析，进一步为企业转型升级提供了新思路：打造顾客与企业价值共创的良好氛围与个性化服务，为企业不断开拓新的价值增长点；企业在行动前需要对数据整合方向与界限进行模拟论证，利用海量数据以创造价值，避免数据陷阱；企业应通过创造性地开拓合作伙伴，打破数据共享的樊篱，获取多元资源，以提升价值创造力。由此可见，驱动商业生态系统的内生动力及其核心机制实际是一个以互动或服务为主导逻辑的价值共创过程。

第四节　商业生态系统演化

对商业生态系统演化过程的理论探讨，可大致归结为对系统演化过程的验证、基于案例分析以及多视角研判等三个层次。

首先，对 Moore 提出的关于商业生态系统演化从开拓阶段、拓展阶段、领导阶段到自我更新或死亡四个阶段过程的验证。如 Lyu 等（2014）从开拓、扩展、领导、自我更新四个阶段分析了迪士尼商业生态系统演化过程中面临的合作与挑战。胡岗岚等（2009）研究了阿里巴巴电子商务生态系统演化过程包括了系统创建、系统膨胀、生态规则完善和系统颠覆四个阶段。

其次，基于案例归纳商业生态系统演化路径和规律性。如

Isckia（2009）总结了亚马逊商业生态系统演化过程是从网上书店到网上市场再到应用服务提供商。Liu 和 Rong（2015）指出商业生态系统演化过程至少包括了共同愿景、共同设计和共同创造三项活动。

最后，从多视角研判商业生态系统演化机制和结构特征。Piepenbrock（2009）从竞争动态、企业架构、企业绩效、产业共同演化等不同角度对商业生态系统演化机制作了研究。Rong 等（2010）就商业生态系统演化机制提供了四种视角：社区、平台、合作和竞争以及共同进化。Mäekinen 和 Dedehayir（2012）将系统演化的影响因素区分为内生和外源两方面，前者包括平台架构、平台领导者、平台交互、平台治理和规章制度等，后者指系统的环境。胡海波和卢海涛（2018）基于数字化赋能视角，分析了仁和集团商业生态系统演化在不同阶段价值共创主体及类型演变发现：资源赋能和结构赋能作用于系统演化的各个阶段；数字化赋能驱动了系统演化的进程，促进了共创的价值由交换价值向平台价值直至社会价值的演变。

第五节　商业生态系统治理

一般认为，网络治理机制是一种为实现网络组织健康运行而对网络成员行为进行调节与制约的一系列准则规范。李维安等（2014）将网络治理机制概括为网络形成与维护、互动、共享等三类。张培等（2015）认为治理机制是以构建组织间的界面规则与协调机制为核心，可概括为关系治理和契约治理两类，前者通过正式合同与监督机制排除不利结果，后者则通过关系性规则来实现。白鸥和魏江（2016）指出网络治理机制是为共同达成合作目标而用以规范网络成员各方行为的准则，将其分为正式契约、关系治理和社会机制三类。胡雅蓓等（2017）强调网络治理机制是对网络节点及其连接发挥调节与制约作用的正式和非正式制度安排与准则，其中由契约、组织私序和政府公序等构成了正式治理机制，而声誉、信任和文化等则构成非正式治理机制。董策（2018）将网络治理机制分为三类：约束机制（进入壁垒、制度约束和联合制裁）、激励机制（声誉和利益分配）、协调整合机制（信任、资源配置、宏观文化和知识共享）。Tiwana等（2017）着重阐述了商业生态系统治理过程：首先是内部平台架构必须适应平台治理，须关注控制机制、决定权、专有与共享的对抗；其次要满足内部因素与外部因素相适应；最后通过进化选择、模块系统、实物期权和有限理性来推动系统进化。崔淼和李万玲（2017）归纳了五个商业生态系统治理视角，其中，资源视角关注的是系统内部资源整合和利用效率的提高；能力视角强调系统内部互补能力结构的优化；价值视角更关注系统价值来源、创造与分配；创新视角注重于系统的互补创新；混搭组织则致力于系统自治性。

近年，不少行业先进企业都在积极营造其商业生态系统，以实现资源共享、获得互补创新、构建高效价值网络、降低交易成本、提升整体竞争优势，从而快速响应并更能满足来自市场和顾客的多样性需求。如 Google、Apple、Amazon 等国际顶尖科技公司之所以能够始终保持竞争力以核心支持经营业绩高增长和创新能力的持续跃升，是因为其成功构建了各自相对完备的商业生态系统，以至于以全球行业的领导者自居。不可否认，大多数企业如 Sony、Toshiba、Rokia、Blackberry 等却遭遇了失败，很大程度上是其商业生态系统的失败而直接导致了企业及品牌影响力的衰落。由此可见，商业生态系统治理机制和模式的建立完善程度，以及核心企业治理能力和水平的高低将决定着系统的成败。

第六节　创新生态系统战略

进入网络经济时代，之前以"自利竞争"为标志的传统竞争战略业已升级至以"共生共赢"为核心的创新生态系统竞争。可以说，创新生态系统战略（innovation ecosystem strategy）的目标指向是，通过赢得用户和生态价值最大化来获取竞争优势。

从现有文献来看，Adner（2012）通过引入多个企业创新案例，提出企业创新"广角镜头"战略，核心是指导企业重新调整配置其生态系统，以适应自身的战略需求。Davidson 等（2015）指出创新生态系统战略是企业建立相互依赖关系、创造价值和捕获价值的过程，并区分了"鲨鱼池""蜂巢""狮群""狼群"四种战略类型。董洁林和陈娟（2015）通过分析小米公司实施的"无缝开放式"创新生态系统战略，据此建立的企业与用户价值共创模式，认为创新生态系统战略是以用户参与为导向，吸纳下游开发者参与企业产品创新，发挥用户创新在提升产品或服务的创新性与市场接受度上的独特作用。柳卸林等（2016）将创新生态系统战略描述为企业通过构建新的生态和其他创新主体合作形成一个能够互惠互利的生态系统，即以价值共创为战略诉求。夏清华和李轩（2018）以乐视和小米构建创新生态系统为例，指出其战略是通过构建一个通用操作系统来统一用户体验，核心是建立伙伴依赖、竞争依赖和共生依赖等相互依赖关系以实现价值共创。何地（2018）认为创新生态系统战略包含了价值主张、组织耦合、网络编配三个维度，分别对竞争优势、效率和持续性均产生正向影响；协同效应分别在三个维度与竞争优势、效率和持续性之间发挥中介作用；强调创新生态系统战略是企业对生态系统中关系、资源等重组的过程，是供给端＋需求端的企业行为。周青和姚景辉（2019）指出，企业创新生态系统是企业与影响企业发展的所有组织和个人协同合作而构成的松散互联、相互依赖的动态开放性网络系统。其作为一种创新范式，打破了企业边界，使企业间关系从竞争向竞合演变，资源流动更加快捷，互动更加频繁，促使价值创造方式的改变，是推动企业转变发展方式的最佳途径。佘彩云和谭艳华（2019）通过对深圳大疆案例分析，指出技术创新型企业在生态系统开拓阶段主要通过资源利用、地域选择和市场开发以达到选择融入现有产业链，初步形成产学研结合与客户培养目标；进入发展阶段则通过后备力量开发、市场扩张、形象塑造及政策法律响应以实现全面产学研结合、消费群体重塑、合法性认同与品牌评价。此外，薄香芳和张宝建明确指出在企业孵化实践中不只是创业者的价值创造，也不仅限于行为主体的价值互动，而是创业网络系统的价值共创，包括整合异质性资源丰富生态功能实现其价值共生，嵌入不同生态伙伴实现其价值互生。

随着中国经济进入新常态，创新驱动发展和企业转型需求也更为紧迫，适时引入创新生态系统战略可为企业破解创新困境以更好应对营商环境的变化提供新途径。建立实施产业企业创新生态系统战略，能够促使商业生态系统重塑价值链结构，促进网络成员改变其主体间关系，有利于核心企业树立用户参与导向和发挥用户创新的独特作用，有助于系统拓展资源获取途径与资源利用互补实现其增加值。

第七节　产业集群生态系统

　　Keeble 等（1999）较早从生态系统角度对产业集群进行研究，提出特殊的产业集群生态系统可通过人际关系网络、竞合关系和价值链关系构成。Korhonen 等（2001）认为产业集群生态系统具有物质和能量的循环传输、行为者多样性、地理聚集性、系统的渐变性等四个特点。陈宇菲等（2009）界定了产业集群生态系统的概念，指出产业集群生态系统具有动态性、区域性、网络型、调节性、延续性等生态特性。赵进和刘延平（2010）指出产业集群在集群内部企业间、企业种群间以及产业集群与外部环境之间进行多层次的协同演化，这种协同演化使得产业集群生态系统具有较强的稳定性。而后，赵进（2011）进一步提出了产业集群生态系统中企业之间、企业种群之间、产业集群与其所处的外部环境之间的协同演化理论模型。柳晓玲和张晓芬（2014）从企业个体、企业种群、企业群落与环境协同发展这三个层面分析了产业集群生态系统的内在演进机制，指出保持企业间的差异性、构建产业生态链以及培育开放性系统才能使产业集群生态系统达到平衡状态。蔡朝林（2019）基于案例研究认为，产业集群生态系统是在一定区域范围内，具有产业群落特性的各行为主体与其所处外围环境相互作用构成的具有一定结构、层次和功能的复杂系统。它包含生产群落、创新群落、支持群落等三大基本群落，以及区域外的虚拟客户群落。其竞争优势的本质是成员之间在共生、演化过程中可以获取生态租金。生态租金的生成是一个以异质资源为基础、合作共生为中介、动态创新为工具、品牌生态为导向的价值联动共创过程，从规模经济、范围经济、长尾经济、创新经济等四方面为产业集群创造了具有结构性和持续性的超额利润。政府作为产业集群生态系统中的参与者之一，可通过实施适当的政策工具，有效促进市场机制作用下集群生态租金的增加。阮建青等（2014）强调了地方政府在建设专业市场、提升质量等公共产品提供上的差异，会导致不同产业集群在长期演化过程中走向不同的结局。

第八节　大数据商业生态系统

Yoo 等（2014）从自然生态系统中"消费者—生产者—分解者"的核心角色构成，引申出了大数据生态系统（big data ecosystem）的核心角色组成。核心角色包括用户、基础设施提供商、服务提供商和数据持有者。其中用户可分为个人、公司和组织、政府和公共机构；基础设施提供商包括网络基础设施、硬件基础设施和软件基础设施；服务提供商可分为数据采集、存储、数据处理、数据分析及可视化服务等；数据持有者按类型可以细分为私人数据、公共数据和社会化数据。Demchenk 从大数据技术角度出发，认为大数据生态系统由大数据基础设施、大数据属性、数据模型和结构、大数据生命周期管理（或数据转换流）、大数据安全基础设施五部分构成。董策（2018）则认为大数据商业生态系统包含了核心商业、扩展商业和整个商业生态系统。其中，核心商业即大数据生态系统（包括用户、基础设施提供商、服务提供商和数据持有者）；扩展商业主要由间接消费者（金融、运输、物流、通信、零售等）和间接供应商（设备、传感器、物联网、社会化网络等）组成；整个商业生态系统主要包括安全、隐私等商业环境以及政府、协会、标准化机构和其他相关竞争性组织。大数据生态系统可划分为核心价值链微观层次、扩展价值链中观层次和大数据生态系统宏观层次等三个层次。其中，核心价值链包括直接数据供应商、数据价值分销渠道，并以数据价值链为核心；扩展价值链由直接数据最终用户、数据市场、数据供应的供应商、互补数据产品和服务的供应商、技术提供商等构成，是以核心价值链为中心；大数据生态系统主要指系统外围中的关联组织，如政府、监管机构、协会、研究机构、标准化组织、投资者、风险资本和孵化器、初创企业和企业家群体以及其他各种利益相关者、竞合者、外围成员等。此外，大数据商业生态系统具有生态位分离、共同演化和自组织性的内部机制特征，其中生态位分离能够促进系统内企业优势互补与协同发展。

本章初步归纳了有关商业生态系统的理论涵盖，认为学术界达成的一个基本共识是，处在系统内的企业角色与其战略定位、战略匹配或实际构成彼此间的对应关系。首先基于对现有文献的梳理，一般解释了商业生态系统效率的获得以及价值创造的特质，尤其强调了驱动商业生态系统的内生动力或核心机制是一个以互动或服务为主导逻辑的价值共创过程，而价值共创恰恰是商业生态系统价值实现的核心所在。其次，对商业生态系统演化机制和治理机制作了简单描述，有助于了解和加深商业生态系统的优化构建及其运行效率的持续获得；将商业生态系统特有的生态价值创新理念拓展至企业创新进程，建立实施创新生态系统战略乃是企业摆脱创新困境的有效途径；将商业生态系统协同演化与价值共创机制引入产业集群转型升级过程，通过构建产业集群生态系统，旨在促进产业集群升级发展并由此获得可持续性及整体竞争优势。最后，大致解释了大数据商业生态系统的基本构成及功能实现，表明商业生态系统应用已经开始向一些战略新兴领域扩展、延伸。由此推断，商业生态系统在于理论构建并提供了一种基于价值共享共创的生态范式，这一生态范式被不断拓展应用于包括制造业的转型升级、"互联网＋"传统产业和服务业的转型升级，同时也有助于提升数字经济、平台经济、共享经济等诸多新经济业态或模式的系统有效性和创新生态活力。我们认为，商业生态系统的实质是整体确立了一种能够实现可持续协同增值和以价值共享共创为核心的生态价值体系以及与之相匹配的共生共赢商业模式。

第二章

平台战略与平台生态系统

平台实际成了一种能够促使组织充满活力的新组织范式或战略模式，平台结构的有效性将直接影响组织功能发挥、战略实施效果以及组织绩效优劣。平台战略的理论意涵是，构建一个能够满足诸多参与主体共享共创的商业生态系统，且具有了多主体参与、网络效应和协同共享共创等显著特征。平台战略及其理论范式的确立，可为行业企业今后的发展提供基础指导，能够支持为实现协同共赢而建立商业生态系统的核心架构及关键机制，也是平台型企业所要达到的最终目标。平台作为企业价值创造的三种基本架构之一（Stabell & Fjeldstad，1998），尤其充当了商业生态系统的中介，由此构建平台型商业生态系统（即平台生态系统），其最为典型、最具活力以及价值共创更广泛、更高效莫过于互联网平台生态系统。

第一节 平台战略的概念

Gawer 和 Cusumano（2014）将平台分为内部平台、供应链平台和产业平台（或外部平台）。陈威如等（2013）认为平台战略的实质是打造一个完善的、成长潜能强大的"生态圈"（或商业生态系统），旨在打碎并取代既有的产业链，而"生态圈"拥有精密规范和机制系统,能够有效激励多方群体之间互动,实现多主体共赢,进而达成平台企业的愿景。张小宁(2014)认为平台战略的核心是把多个用户群体联系起来进而形成一个完整的商业网络。郭昕(2016)明确指出,平台战略核心是构建诸多参与主体共享共创的商业生态系统。

第二节　平台与平台企业

研究者从不同角度定义了平台的概念,如 Alstyne 等(2016)将平台定义为将双边网络中的用户集合在一起的产品和服务,平台会聚生产者和消费者,并提供基础设施和规则作为互补性产品和服务的基础。Rong 等(2013)则将平台视为通过一组接入点或接口为生态系统的成员提供一系列解决方案的商业生态系统,揭示了企业生态系统中的"平台"包含三大要素:互动的界面、共同价值的创造及网络的形成,同时平台在扩大现有市场领域和开拓新市场方面发挥着重要作用。平台企业概念源于 Moore 提出的在商业生态系统中的"核心企业"概念,核心企业意味着为了商业生态系统可以提供核心的、共同的资产或功能的企业(Rong et al.,2013)。Gawer 和 Cusumano(2008)将开发平台的核心企业称为平台引领企业,平台企业在平台及其生态系统的形成和发展中发挥着关键作用,平台企业被定义为可提供互补性产品与技术或服务的核心企业。之后,Alstyne 等(2016)按照扮演的角色细化了平台的结构,将平台企业分为平台提供企业和平台拥有企业两类,多数研究者主要把后者作为平台企业进行研究。

第三节　平台结构及特征

有关平台结构的早期研究，基本集中在工程和信息技术平台领域。伴随着电子商务、电子政务、云平台、大数据和物联网的应用推广，越来越多的相关研究开始转向了包括技术平台及标准框架体系等重点开发领域。李必强等（2005）认为产业平台系统是由产品信息、管理、研发、生产、销售、物流、售后服务等一系列要素构成，也包括加盟平台系统的企业和组织的行为规则。Carliss 等（2008）将平台区分为产品平台、技术平台和多边市场平台三类，并采用结构设计矩阵、层级图及网络图来描述多边平台结构。Gawer 和 Cusumano（2008）指出多边平台在结构上更易于连接，且表现出作为应用系统的基础性功能。Baldwin 和 Woodard（2008）强调平台在运行模式上具有了价格非对称性与价值分配性以及行为协同性等特征，主要是通过以网络效应为核心的运作机理产生了范围经济性与规模经济性以及平台创新柔性化等经济效率。陈玲（2010）指出市场平台体系实际是一个由商品交易、市场管理、物流配送、信息服务、中介组织等若干开放子平台系统构成的市场交易系统。Hagiu 和 Wright（2015）明确将多边平台界定为能够促使多类用户群体归属其中，以及通过用户群直接互动过程来创造价值的网络组织。王节祥和蔡宁（2018）强调"多边架构"和"网络效应"是平台的两大关键特征。穆胜（2018）则进一步强调平台必须同时具备三个构件：开放共享与平等价值观（精神底层）是平台基础，核心资源能力（资源洼地）是平台杠杆的支点，利益分配机制（共享机制）则是平台杠杆的力臂，正是通过平台赋予的特定结构及其杠杆作用撬动了外部资源。

第四节　多边公共平台

公共平台类型众多，且应用领域十分广泛，平台结构也呈现出了个性化和多样性特点。Baldwin 和 Woodard（2008）将多边公共平台结构一般地区分为技术结构和社会网络结构，其具有的开放性被视为重要的结构特征。Parker 和 Alstyne（2012）从社会网络结构功效出发，认为在开放的平台生态圈中，存在着为数众多的平台利益相关者，平台给予同时存在的多边用户提供产品或服务，使其在平台生态圈中相互吸引与合作。处在平台上的多元利益主体及其互动关系则构成了社会网络结构，平台领导者居于网络的核心位置，并拥有平台治理权。Reilly（2010）指出政府的创新是以开放合作为出发点，基于公共平台的开放架构将更能促进用户参与和互动协作。Alstyne 等（2016）强调多边公共平台的价值优势其重要来源是成员间互动的社会网络。刘家明（2017）从治理视角认为，多边公共平台指的是连接公共组织生态系统中的多边群体，在治理权开放的基础上提供互动机制，从而实现群体之间互相满足的治理支撑体系。

第五节　平台生态系统

随着理论研究与实践应用展开，有关平台生态系统理论问题或已实际进入了学术前沿。平台生态系统是以平台为中介的商业生态系统，它具有两层含义：一是由一个核心模块提供系统的基本功能并定义系统的接口规则，使其参与者方便参与和使用、扩展平台（Gawer & Cusumano，2008）；二是纳入以核心企业为中心的跨企业组织模式，促使大量企业跨越了产业边界，加入平台参与者的行列（Gawer & Cusumano，2014）。Ceccagnoli 等（2012）通过案例分析了软件行业平台生态系统中的价值共创行为。Tiwanna 等（2013）揭示了软件产业平台生态系统的成长及演化规律。Mekinen 等（2014）指出企业除了在产品层面的市场竞争外，还在商业生态系统层面上存在竞争，其商业生态系统应当建立在围绕开发商、供应商、分销商和互补者的平台之上，平台生态系统竞争力的来源将主要依赖于系统成员通过平台来提高其自身绩效，尤其应聚焦在为市场终端用户开发更具价值的产品上。此外，谢洪明等（2019）在分析阿里巴巴生态系统成长机制时发现，价值共创是平台生态系统发展的直接推动力，网络效应则是平台生态系统发展的基本动力来源。

在当下，由于技术创新和互联网发展的持续推动，参与或组建平台生态系统业已成为行业企业发展的重要战略方向，通过利用平台生态系统可促使企业自身平台化、生态化。平台参与者完全可以利用其自身优势与合作伙伴进行价值共创以增加用户数量及降低成本，同时可间接利用网络效应从生态系统层面来优化自身的存续环境和扩大资源优势。然而平台企业最重要的成长方式和竞争优势的获取之道，莫过于从单赢走向了共赢。现阶段，网络平台竞争已转变为以网络平台为核心的平台生态系统竞争，产业平台是商业生态系统的一部分，是平台化的商业生态系统，亦即平台以生态系统的形式存在与运行（钱平凡、钱鹏展，2017）。李鹏和胡汉辉（2016）指出狭义的平台生态系统包括平台和应用服务两个核心要素，广义的平台生态系统还包括终端用户、竞争性平台生态系统以及竞争环境。从属性来看，平台生态系统短期特征表现为恢复力、扩展性和组合性；中期特征表现为黏性、可塑性和协同性；长期特征则表现为边界、突变性和持久性。网络平台商务系统具有平台核心性、生态位分离重组、复杂性、共生共存性，以及统一认可的标准和准则（侯赟慧、杨琛珠，2015）。从构成上看，平台生态系统可分为领导种群（核心企业）、关键种群（交易主体）、支持种群（相关依附组织）和寄生种群（增值服务提供商）（李春发等，2015）。余菲菲和董飞（2009）将平台生态系统特指互联网平台生态系统，即借助云计算、物联网、大数据等信息技术，以更低成本和更大规模效应，整合上下游企业、合作伙伴、政府及其他非政府机构等利益相关者，连接两个及以上不同功能的互联网平台，旨在重塑产业链、协同区域发展的资源富集、多方参与、合作共赢、协同演进的价值创造共同体。

基于平台生态系统视角，针对中小制造企业与互联网融合问题，学者们提出了包括服务化融合、智能化融合、信息化融合与生态化融合四类战略融合模式。服务化融合即中小制造企业依据自身能力及已有资源，沿着价值链延伸，逐渐实现上下游产业链服务化，并从不同维度提炼出制造企业服务化战略转型模型（王雪原、刘成龙，2018）；智能化融合即以用户驱动为切入点，以互联网、大数据为基础，打造智能制造体系，创新智能生产共享模式，加强与合作伙伴的协同演化（史竹琴等，2017）；信息化融合和生态化融合即将信息技术嵌入传统产业价值链，深化两化融合，搭建大数据 AI 生态共享平台，建立跨界互联的产业集群，形成共生进化的产业生态圈（柳洲，2015）。平台生态系统不局限于单一平台，而是多种不同类型及功能的平台集合体，是促进两个以上群体链接的平台生态圈的群体互动。因此，引入平台生态系统视角有助于揭示上述多层级、多种群、多主体之间的协同、共生、共存复杂关系。

另外，平台经济正有力驱动着全球经济的新一轮增长，这样一场以平台模式应用及平台化转型为主线的平台革命正在席卷世界（Choudary et al.，2016）。平台商业模式的成功标志着当今世界已实质性进入了一个新的平台时代（Simon，2011）。与此同时，由政府推动实施的平台战略和平台型治理模式亦悄然兴起，且初见成效（Janssen & Estevez，2013）。

第六节　互联网平台治理

唐苗（2019）依据平台企业与互联网平台的治理关系和产权关系，将平台企业区分为平台经营者、平台所有者和内部监督者三种角色。认为平台企业虽与互联网平台构成权属关系，但其交易行为不存在隶属关系和剩余索取权（蔡宁等，2015；汪旭晖、张其林，2015；Casadesus 和 Halaburda，2014）。政策实施者是指系统内关键种群、支持种群和其他种群，应当自觉遵守平台交易规则和政策管束。外部监督者包括政府、行业和公益组织等对平台企业所制定的治理政策进行监督，也包括督促用户自觉遵守市场行为，政府及社会公众组织应明确生态主体责任的法律界限和道德界限，与平台企业共同优化治理政策体系，构建健康的网络环境。从互联网平台的治理逻辑看，领导种群是连接关键种群、支持种群和其他种群开展平台价值活动和协调利益关系的重要纽带，处于生态系统中的领导位置；关键种群作为商业生态系统的核心资源，支持种群和其他种群围绕其提供补充服务或产品，并与领导种群共同优化平台商业生态系统。平台治理政策可细分为主体资格、行为规则、定价规则、奖惩规则和种群关系协调，以及从不同角度影响各种群依赖于互联网平台开展价值活动。

第七节 "互联网 +" 驱动多元价值共创

"互联网 +"数字化平台发展呈现出六大鲜明特征，即跨界融合、创新驱动、重塑结构、尊重人性、开放生态、连接一切（马化腾等，2015）。首先，"创新驱动"和"连接一切"的特性通过双向连接作用于主体间互动。互联网使企业间的联系数字化、顾客互动直接化，企业利用"连接万物"的能力而获得"连接红利"（罗珉、李亮宇，2015）。其次，"跨界融合"和"开放生态"的特性通过宏观—微观跨界加快融入一个循序渐进的过程，包含认知、实践和目标的融入，实质是提升企业实践与社群实践的匹配度。通过互联网与传统产业的跨界融合推动产业转型升级，催生了诸如云服务商和虚拟社群等，促使机构与社群的相互融入，在更加开放的生态环境中，主体间的认知、实践与目标逐渐趋向统一。再次，"重塑结构"和"尊重人性"的特性通过民主化决策优化授权机制。通过社群授权，强化顾企契合度，减少信息不对称，激活顾客创造力和参与热情。最后，企业创新生态系统主体间的互动、融入与授权催生出多种价值共创行为。在互联网时代，平台和社群成为价值共创的场所，机构与社群间的互动更加深入和频繁，用户通过社群加速融入价值共创进程，或自主或联合发起价值共创，并从中获取应得的收益。因此，在"互联网 +"背景下，不仅机构可以发起价值共创，社群同样有能力和意愿发起价值共创，以及两者联合发起价值共创，由此产生多样化的价值共创行为。

"互联网 +"通过双向连接驱动价值共创的作用方式主要表现在关系连接、产品连接和场景连接（周青、姚景辉，2019）。因此，各利益相关者主体可借助"互联网 +"技术手段跨越时空障碍，更好地进行跨界协作和资源整合，激发共创活力和效率，促进价值共创的多元行为与良性互动发展。与此同时，可充分利用"互联网＋"平台效应，努力促使创新社群更好地融入价值共创实践。社群作为企业的异质性资源和价值共同创造者，是价值共创过程中的重要一环，如何更好地促使社群融入价值共创实践中，关系到价值主张的确定、发展战略的规划、资源整合的效果以及价值共创的最终结果。另外，龚丽敏和江诗松（2016）也明确指出，互联网平台逻辑的本质为三角形交易逻辑，其价值创造方式是以提供中介服务而构建的价值网络，强调各主体的价值共创与共享。

本章归纳了平台与平台企业的一般概念以及平台战略的基本内涵，对平台结构及其主要特征作了概述，并对开放式的多边公共平台所具有的价值优势以及利益相关者的关系特征作了简单描述。重点介绍了作为前沿课题之一的平台生态系统及其理论构建，作为一个以平台为中介的商业生态系统，即平台型商业生态系统，甚至特指互联网平台生态系统，能够实现价值共创与网络效应的叠加效应，因此参与组建平台生态系统已实际成了行业企业发展的战略方向，将有利于优化行业企业的存续环境，进而扩大其自身的资源优势和竞争优势。贯穿互联网平台治理逻辑的有效性，基本取决于平台治理政策体系的优化与匹配度，对于构建健康的网络环境以及支持系统的有序运行将至关重要。更具意义的是，"互联网＋"数字化平台发展旨在促进价值共创的多元化行为与良性互动，关键是能够促使创新社群更好地融入价值共创实践中，实现包括机构和社群在内的多主体参与、多元化行为、全方位互动的价值共享共创模式，进而不断促成价值共享共创成果和绩效最大化。

第三章

制造业模块化价值网

　　从模块化（modularization）到模块化生产网络的建立，其构成上包括了产品设计模块化、生产制造模块化、供应形式模块化（价值链分解与外包）和企业间联盟等四个层次。模块化之所以能够为制造业带来竞争优势，是因为通过模块化分解，制造企业可专注于单个子模块，而无须顾及其他子模块工序，使企业效率更高；基于模块化结构分工，使各模块企业能够处理更加复杂的事务；模块化结构有利于减少子系统的不确定性，以降低风险；更重要的是，模块分解促使企业间由合作转变为一种共生关系。在模块化运作中，企业往往将附加值低的模块外包，只专注于核心模块及其附加值的持续提升，以期在产业链超额利润分配中获得主动权和更大份额，占据价值链高端环节，进而形成核心竞争力（李放、刘扬，2010）。另外，模块化分工促进了技术创新和扩散，模糊了企业行为边界，也改变了产业结构本质和不同产业的非竞争关系，是产业融合产生的前提和动力，模块化网状产业价值链的形成促进了融合现象发生，而产业融合过程其实质上也就是对产业链价值系统设计与再设计的过程（单元媛，2010）。

第一节　基于模块化的价值网

Bovet 和 Marha（2000a，2000b，2000c）最早提出的价值网（value net）概念，被定义为由顾客、供应商、合作企业以及彼此间的信息流构成的动态网络，通过定制化服务"包"（bag）的解决方案来满足与顾客保持一致，纳入由供应商、客户甚至竞争对手构成的唯一增值网络，具有敏捷生产与分销和快捷市场响应的基本特征。王晓辉（2010）认为模块化价值网络实际是以价值可模块化为前提，通过知识转移和共享，利用契约将各价值模块企业连接起来所形成的开放式创新网络，或为一个基于知识转移与价值实现的知识系统。在模块化价值网络正在成为新的价值创造模式下，更能促使知识资源在更为广阔的空间内优化配置，更有利于提升企业核心能力、创新水平和可持续竞争优势。应当指出，随着新一代使能技术（e－TE）在企业管理及商务领域的应用扩展，以及对象管理组织（OMG）和企业应用集成（EAI）等关键技术驱动，加速了企业价值模块化整合以及价值链重构，促使企业业务模式整体纳入基于模块化价值网络模式，从而结成企业与合作者之间的战略联盟和一体化竞合关系，这种基于企业模块化的跨组织虚拟合作以及由此形成的价值协同增值动态网络，被称为基于模块化的价值网。

第二节　企业价值网形成

为进一步提高企业运作效率，优化资源配置，增强企业核心竞争力，首先是通过对传统集合型价值链进行解构、裂变、整合与重建，形成具备兼容性、可重复利用、符合界面标准的价值模块，再将这些价值模块按新的规则和标准以及在新的界面上重组，从而形成新的模块化价值链。其次是促使具有不同模块化价值链的企业之间开展合作，实现各自的价值链交互连接，并最终演变为一个企业价值网。企业价值网可分为企业内部价值网络和企业外部价值网络两个层次，前者以某一（或某些）核心能力要素为中心，是由企业内部不同的价值链和价值模块组合而成的网络系统；后者指利益相关者之间相互影响而形成的价值生成、分配、转移和使用的关系及其结构，由不同的企业价值链和价值模块相互交织组成的价值系统，亦即形成了企业外部价值网络。企业价值网涵盖了企业内外众多价值节点或"接口"，是一个庞大而复杂的网络系统，且始终处在不断演化的动态过程之中（赵晶、关鑫，2008）。企业价值网成员之间的关系也主要表现为以知识关联为核心的松散耦合关系（张琰，2008）。在企业价值网构建中，至少存在着一个品牌核心企业或模块系统集成商，以此为核心，并以横向行业价值链（价值模块）和纵向资源供应链连接的商务伙伴（合作企业或能力单元）为对象，编织和推动价值网的形成，进而主导价值网络的运作方式；抑或作为网络联盟盟主角色在制定战略规划时，更多考虑的是整个网络的资源最优化和整体竞争力提升。在获得技术支撑方面，包括确立协同管理的技术架构，依托企业数字化平台，重构敏捷扁平化的组织结构，以降低网络联盟组织管理复杂性，实现协同计划、协同设计、协同采购、协同制造、协同配送、协同服务等关键流程的持续优化，同时应建立在统一标准的信息交互基础上，实现统一的组织结构、产品结构、项目工作结构和会计科目结构等编码体系。

第三节　制造业模块化价值网构建

在产业发展过程中，集群化、融合化和生态化趋势已从根本上促进了制造业传统生产组织方式的转变，尤其近年得益于包括信息门户、物联网、云计算、大数据、移动互联网等信息技术以及人工智能、3D打印等核心技术发展驱动，加速了制造企业的产品模块封装、价值模块整合以及价值链的重构，促使企业将现有业务模式整体纳入了价值网模式，推进了制造业基于模块化的价值网建立运行（季六祥、盛革，2010）。制造业模块化价值网能够有效集聚来自制造企业成员的优势资源，并将各种能力要素协同引入网络平台，通过不同组织模块之间的协作、创新与竞争推动来获得新的竞争优势，使成员企业能够共享模块化经济，增强其自生能力；在价值模块化基础上，通过企业自身价值链的整合并融入价值网，能够分享网络成员的优势资源和技术创新成果，从而增强核心竞争力和抗风险能力。如丰田汽车价值网赋予动态性、模块化组织结构以及灵活的调节机制，网络中的每个环节分别由节点企业的核心能力单元整合而成，而丰田公司的核心能力单元则处于主导地位；核心能力的内核即知识创新力，基于网络中不同节点企业间的知识整合、创新、流动、共享和利用，促进了丰田汽车价值网协同增值（李玉琼、朱秀英，2007）。戴尔公司则利用价值网创新其自身的组织，即以戴尔计算机为模块核心，将供货方式创新和市场开拓视为核心能力要素，通过外部竞争性选择产品模块供应商并纳入价值网成员，形成以"快捷供应和完善维修"为特性的企业定位，较好满足了消费者的多样化需求，同时企业收益率也远高于竞争对手（余东华、芮明杰，2007b）。值得一提的是，华为公司致力于构建先进制造模式的基本路径为：从以产品开发为龙头，实施集成产品开发流程体系、价值链的模块化，直至构建面向全球的模块化价值网体系。

对制造业模块化价值网模式的一般描述，即以网络组织的存续环境和参与者利益关联为基本前提，以信任、共享、合作与竞争结盟为核心机制和结构内涵，并以网络化、虚拟化和敏捷化实现以及动态整合为重要标志，其范畴甚至覆盖一个跨行业、跨区域乃至全球化的商务社区。架构上，主要包含了品牌核心企业（一般作为系统规则设计商）、模块系统集成商（在一些行业中，与品牌核心企业为同一企业）、专用模块供应商、通用模块供应商、其他配套企业、各类中介及生产性服务组织、政府机构、客户、消费者群体以及彼此结成的价值网络，同时基于网络、Web界面和应用软件支持（包括 ASP 方式），有效运用相关使能技术，通过松散耦合方式实现无障碍沟通，进而搭建基于 Web 的信息、知识和价值共享的虚拟化网络，其具有自反应、自组织、开放性与无边界、高协同等系统特性，能够获得并保持敏捷响应、快速合作和协同增值的核心能力。

在制造业模块化价值网构建中，网络成员主要通过电子化契约实现虚拟合作，或进一步结成互相依存的实体性网络组织，从而最大限度地挖掘、利用、优化配置与共享资源。另外，通过组建核心团队，聚合价值网中最重要的核心能力，进而确立基于"核心能力—核心产品—业务单元—最终产品"的关键策略和产品竞争力导向。再者，处于价值网高端的品牌核心企业作为系统规则提供者，是以横向资源供应链连接的合作伙伴和纵向行业价值链（价值模块）为对象，编织和推动价值网的形成，致力于重组包括自身和网络成员的组织结构、运营机制、知识管理模式等，使之整体纳入网络一体化和虚拟运营的系统平台，以充分满足合作伙伴、协力者与其自身的充分信息、知识和价值集成；而处在价值网中低端的模块供应商，其作为网络节点，主要依据自身的能力和核心资源，竞争性融入价值网中，并在某一特定方面难以替代。图3-1简单刻画了一个关于制造业模块化价值网的体系结构。

基于上述分析，图3-2大致描绘了制造业模块化价值网运作的逻辑过程。这种类似于机制化表达，首先是贯穿了以客户为中心的价值创造与价值传递的起点和终点，通过采用存取客户信息、培育关系以及通过服务与数字一体化方式来持续达到客户满意，包括全程管理供应商网络，实现动态化、敏捷化和低成本运作的高绩效网络。其次，通过引入企业共同规则和相关使能技术，并嵌入协同商务关系接口，以客户选择代替客户请求，以客户群定制服务"包"（定制化解决方案）实现快速响应。再次，通过企业数字化平台，将现有流程优势（process edge）提升为e流程优势（e-process edge），满足品牌核心企业或模块系统集成商对外部资源的有效整合，包括在供应链上完成资源内合（in-sourcing）、任务外分（out-task）和服务外包（out-sourcing）等，从而达到资源优化配置的长期目标，以及很大程度地实现了网络协同增值效应。

第四节　先进制造业模块化价值网

定义先进制造业的一个重要前提是，必须能够不断地吸收高新技术成果，包括将先进制造技术、制造模式以及管理方式综合应用于研发、设计、制造、检测和服务等全过程，同时具有技术含量高、经济效益好、创新能力强、资源消耗低、环境污染少、服务功能全、就业岗位较多等特点。先进制造业既包

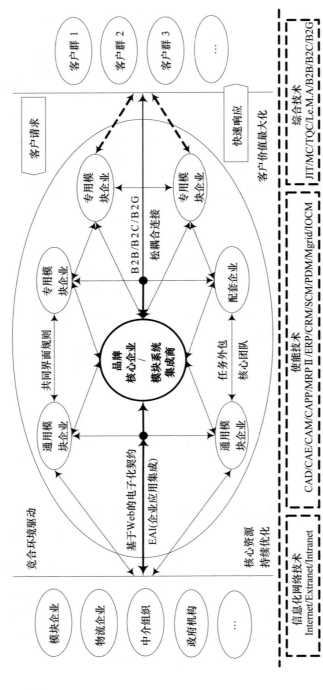

图 3-1 制造业模块化价值网的体系结构

说明：Extranet（企业外网）/Intranet（企业内网）；CAD（计算机辅助设计）/CAE（计算机辅助工程）/CAM（计算机辅助制造）/CAPP（计算机辅助工艺工程设计）/ERP（企业资源计划）/CRM（客户关系管理）/SCM（供应链管理）/PDM（产品数据管理）/Mgrid（制造网格）/IOCM（跨组织成本管理）；JIT（即时生产）/MC（大批量定制）/TQC（全面质量管理）/Le. M. A（精益管理合计）/电子商务 B2B（企业—企业）/B2C（企业—顾客）/B2G（企业—政府）。

信息化网络技术 Internet/Extranet/Intranet

使能技术 CAD/CAE/CAM/CAPP/MRP II/ERP/CRM/SCM/PDM/Mgrid/IOCM

综合技术 JIT/MC/TQC/Le.M.A/B2B/B2C/B2G

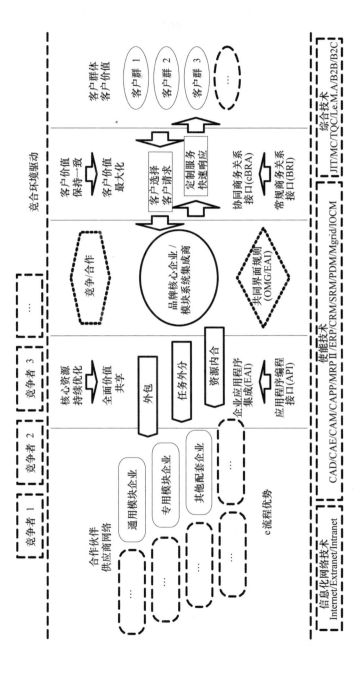

图 3 - 2 制造业模块化价值网运作的逻辑过程

说明：Extranet（企业外网）/Intranet（企业内网）；CAD（计算机辅助设计）/CAE（计算机辅助工程）/CAM（计算机辅助制造）/CAPP（计算机辅助工艺设计）/MRPⅡ（制造资源计划）/ERP（企业资源计划）/CRM（客户关系管理）/SRM（供应商关系管理）/PDM（产品数据管理）/Mgrid（制造网格）/IOCM（跨组织成本管理）/JIT（即时生产）/MC（大批量定制）/TQC（全面质量管理）/Le.M.A（精益管理会计）/电子商务 B2B（企业—企业）/B2C（企业—顾客）。

括高新技术产业，也包括运用高新技术和先进适用技术改造的传统产业。在传统产业转型升级过程中，只要采用现代管理手段和制造模式，运用高新技术或先进适用技术改造，在制造技术和研发设计方面能够保持先进水平，实现两化融合目标以及数字化、网络化和智能制造方式，同样可称之为先进制造业。

从制造业发展进程来看，通过不断吸收电子信息技术、计算机、机械、材料以及现代管理技术等方面的高新成果，并综合应用到生产过程、制造模式、运营管理和市场网络组织中，先进制造业较好地体现了技术先进性、制造模式先进性、管理理念和模式先进性以及市场网络组织先进性。另外，先进制造业也突出表现在对先进技术的有效利用，包括新一代信息技术、新型环保技术和人工智能等，能够把数字化或者更加环保的技术、产品和服务嵌入传统产品和服务中，以增强产品的信息传输、存储和处理功能，提高资源使用效率，降低环境污染，从而形成先进制造产品。因此，先进制造业几乎涵盖了微观产品和技术工艺层面、中观企业经营管理层面和宏观市场网络等三个层面，以及充分体现于包括产品/服务、技术/工艺、制造模式、运营管理和市场网络结构等五个维度（郑大庆等，2010）。

就先进制造企业而言，稳步推进了从研发设计、生产运营以及营销服务模块等方面向价值链"微笑曲线"两端升级的路径，同时利用所构筑的价值网，很大程度地带动了整条价值链体系的跃迁。通过构建价值网将众多合作伙伴连接在一起，实现资源优化配置，增强网络整体实力和竞争力，将有助于提升先进制造企业抵抗外部风险的能力。一是先进制造企业通过网络联结产生的巨大实力以对抗环境风险，甚至改变环境，使其更加稳固；二是借助网络的知识积累和研发能力，提高化解风险和应对环境不确定性的能力，从而使网络整体的营运风险大幅降低。当客户需求发生较大变化时，先进制造企业完全可利用网络力量进行自我调节，以确保客户获得稳定的价值让渡（李放、刘扬，2010）。

第五节 模块化价值网中的知识管理

模块化价值网的实质是一个复杂系统，包括显性设计规则和隐性设计规则两方面。前者为明确规定的规则，如结构、界面和标准，被称为网络内部的显性知识；后者可谓隐藏起来的信息，即一种仅限于一个模块之内、对其他模块的设计并无直接影响的决策，可归为网络内部的隐性知识。而且隐性知识更具价值，作为一种高度背景化和个性化的知识，通常不易被网络组织外部的企业模仿，是网络组织竞争优势的重要来源之一。

知识在网络内的流动管理过程，即处在网络中成员企业间价值交换与学习的一个长期动态过程，这一过程被划分为知识创造与发掘、知识转移与扩散、知识共创与管理、知识整合与吸收等四个阶段（余东华、芮明杰，2007a）。知识在流动过程中不断整合，在整合过程中持续创新，并最终产生模块之间的联系规则，由此形成新的界面标准。

一 知识创造与发掘

网络内部的知识创造与发掘包括三个层次。一是设计规则和界面标准的创造和传播。此过程主要通过知识的社会化和外部化来实现，知识的社会化停留在网络内部，知识的外部化使得设计规则以显性知识的形式得以推广。二是模块的设计。尽管模块信息对于网络组织而言属于隐性知识，但各个具体模块设计规则的形成则要经过模块组织内部的 SECI（社会化 socialization、外化 externalization、融合 combination、内化 internaliza-tion）过程，这样产品模块才能从概念转化成可供大批量生产的系统构件。三是模块的操作。其过程实际是知识创造和转换的一个过程，这一过程包括模块的分离（split）、替代（substi-tute）、去除（exclude）、增加（augment）、归纳（inversion）和改变（porting）（Baldwin，Clark，2000）。

在网络内，隐性知识不仅数量多，且更为重要。发掘隐性知识，特别是人格化于员工中的隐性知识尤其必要。发掘员工的隐性知识的基本途径有二：一是员工自身将部分隐性知识能够清晰地表达出来，使之转变为显性知识，经过一定的组合过程将其系统化后，再通过企业内部网络平台与企业内其他成员共享；二是员工的隐性知识首先是通过社会化过程传递给企业内部的其他成员，然后经过外部化和相应组合过程将其显性化表达。通常成员企业为了在网络中求得生存，以及保持其模块供应商地位，应致力于挖掘价值模块，潜心于模块设计，及时把握获利机会；品牌核心企业/模块系统集成商需要不断开发界面标准和一些关键的价值模块，同时扮演模块设计者角色，主导并控制模块设计规则和关键价值模块，借此可充分利用外部资源。

二　知识转移与扩散

模块化价值网更有利于促进知识转移和扩散，是因为：①各成员企业作为统一组织体系中的单元节点，一般持有相同价值观、企业文化认同和组织共同语言，为网络节点间的知识转移和扩散提供了必要条件，可有效降低知识转移的成本；②网络内部提供了良好的沟通与互动机制以及先进高效的数字化平台，完全能够克服因知识分散性和时间效用递减性为知识转移带来的消极影响，知识更易于传递、转移及扩散；③知识网络化传递是知识在网络内部进行的水平化、较少人为边界内的自由流动，而非一体化组织的层级式传递方式，因而模块化价值网有助于增强知识转移的准确性和及时性；④网络内部的知识可分为编码化知识和人格化知识，前者将依照模块化价值网的界面标准，融入价值模块中的知识，以及通过模块流动来实现转移，后者则是只能通过知识创造者之间的交流才能实现转移和扩散的知识，主要是通过人际交流实现其转移；⑤在网络内部，成员企业间的密切接触和及时的信息互动，更有利于隐性知识的转移和扩散。

三　知识共创与管理

模块化价值网可以一种基于对等知识联网的柔性组织来定义，不仅能够对外界环境的变化做出快速反应，而且能够在网络组织内部通过知识联网，随时分享、整合和创造知识。一方面，对网络内部其他合作伙伴的知识、技术、能力等资源的依赖是知识共创的内部动因；另一方面，知识共创过程同样是一个组织学习的过程，通过知识共创，促使成员企业在吸收和利用新知识的同时，提高本企业的学习能力和创新能力。成员企业间的知识共创是实现包括信息、技术、品牌以及系统共享共创的基础。通过品牌核心企业/模块系统集成商共创知识可提高成员企业间的信任感和协作能力，提高网络组织的凝聚力和创造力。模块供应商（成员企业）则在网络组织内部共创知识以检验自身知识的价值，提高模块在价值网中的地位和贡献度。

网络组织中的知识管理功能之一，是为了防止知识滥用所带来的风险，如内部成员企业未经许可将知识用于其他产品或市场，甚至将网络关键知识外泄给网络组织之外的企业。知识被滥用将会树立网络组织的直接竞争者，甚至导致网络组织丧失竞争的优势地位，因而有必要采取合同协议、信誉机制或"回避战略"等手段，加强对知识管理的防控措施，防止机会主义行为发生。此外，在知识管理过程中，品牌核心企业/模块系统集成商作为整个价值网络的中枢，可根据网络组织战略对网络成员的知识结构和知识存量作出分析和评价，识别对提高网络组织竞争力有价值的知识，并将有价值的知识及时输送给那些需要的网络成员，以提高网络知识的利用率。价值网的知识管理首先是关于"知识对象"管理，完全可凭借良好的网络结构对网络成员的各种技能和知识进行有效管理。其次，作为一种"知识导向"管理，核心企业通过确立以知识管理为核心，并积极引导网络以集体力量来提高企业的应变能力和创新力。

四　知识整合与吸收

模块化价值网中的知识整合主要有四种机制。①方向与目标（rulesand directives）机制。网络组织必须确立明确的方向和目标，通过融入兼容和开放的组织文化中，从而以最小沟通成本，使专业化知识整合更具效率。②顺序（sequencing）机制。赋予网络组织结构上的顺序性和动态性特征，将生产活动过程切割为不同的连续性阶段，实际是将生产工序和部件模块化，使每一阶段所需的专业知识不构成互相干扰。同时纳入顺序机制能够有效克服网络组织中知识交流和转移过程出现的障碍，且有利于改善组织成员的心智模式，形成共同愿景，促进组织学习。③例行规则（routines）机制。通过一些初始设定的信号、行动、功能等，经过较长时间的积累，也就形成了一种相对复杂的指导知识整合和组织学习的例行规则，其成为除了明文规定、指导原则或口头沟通之外的一种支持个体间知识互动的有效工具。运用例行规则来指导知识的整合，可提高知识整合的效率，并降低整合的成本。④团队决策（group problem solving and decision making）机制。在重视知识挖掘、分享和整合的同时，建立基于对等知识联网的柔性组织——知识团队，通过引入团队决策以调整界面标准，改进单个模块，并最大限度地获取网络协同效应。知识整合包括四个层次：显性知识和隐性知识的整合、个人知识和组织知识的整合、已有知识和新知识的整合、内部知识与外部知识的整合。

第六节　基于模块化价值网的会计信息系统

在模块化价值网模式下，为了更好地适应共同界面规则下的信息交流，可将企业会计信息相应分解为通用会计信息和专用会计信息两种类型。前者作为企业与网络中其他成员交流的基础，是企业融入网络的基本条件；后者被视为企业内部特有的信息，不便用作对外交流，以确保企业的独立性。考虑到价值网明显具有的虚拟特征，也就决定了会计系统可看作由实体会计系统与虚拟会计系统两部分组合而成，其中实体会计系统是以企业个体为主要载体，虚拟会计系统则以网络为载体。

网络中的会计主体包括实体会计主体和虚拟会计主体。各类企业均构建了属于自己的企业级会计系统，即为实体会计系统，并由通用会计信息子系统和专用会计信息子系统构成。其中，企业通用信息子系统可通过统一标准的信息交互接口相互连接在一起，由此构成了价值网会计信息系统，即为虚拟会计系统。图3-3勾勒了一个基于模块化价值网的会计信息系统模型。

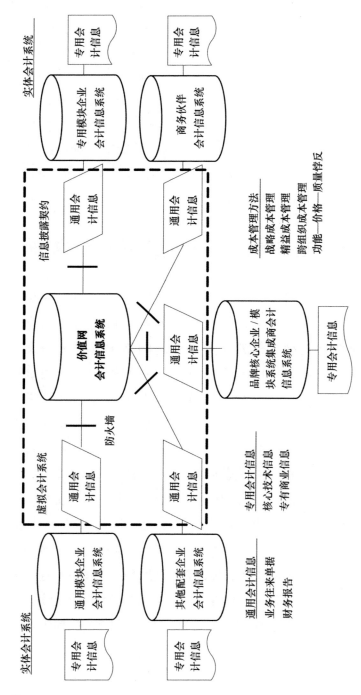

图 3 - 3　基于模块化价值网的会计信息系统模型

实体会计系统

专用模块企业
会计信息系统
　　专用会
　　计信息

商务伙伴
会计信息系统
　　专用会
　　计信息

信息披露契约
通用会
计信息

通用会
计信息

价值网
会计信息系统

通用会
计信息

品牌核心企业／模
块系统集成商会计
信息系统
专用会计信息

成本管理方法
战略成本管理
精益成本管理
跨组织成本管理
功能—价格—质量悖反

虚拟会计系统
通用会
计信息

通用会
计信息

防火墙

专用会计信息
核心技术信息
专有商业信息

实体会计系统

通用模块企业
会计信息系统
专用会
计信息

其他配套企业
会计信息系统
专用会
计信息

通用会计信息
业务往来单据
财务报告

第七节 基于模块化价值网运作的成本核算

在模块化价值网运作中，为了获得预期的合作效率和网络竞争力，品牌核心企业/模块系统集成商（盟主企业）必须进行价值网成本分析。网络中所产生的成本有两类：与订单有关的成本、与订单无关的成本。与订单有关的成本可进一步区分为网络层次的成本和能力单元层次的成本。表3-1简明给出了基于模块化价值网运作的成本要素及核算方法。

值得一提的是，在模块化价值网环境下对于资金管理也带来了新的挑战，因价值网是由产品流、信息流、资金流等多向流动为重要特征的网络空间系统，更加强调的是资金在各成员间多方向、多链条的交叉流动，其主体是以品牌核心企业为中心、由多元化法人构成的复杂利益共同体。价值网中的企业基于互相信任，倾向于通过交叉持股、提供商业信用、委托贷款、供应链金融等多种方式实现资金融通，以解决资金短缺问题，提高资源配置效率。价值网中的企业业务重心可能不同，但企业间通过核心企业的资源共享、信息传递这种隐性担保，减少了信息不对称，在丰富投资项目的同时提高了投资效率（王化成等，2017）。

本章对模块化构成及主要功能予以解读，通过引入价值网分析模型，阐明了企业价值网的形成机制，定义了品牌核心企业（模块系统集成商）、价值模块及合作企业（能力单元）。首先重点刻画了一个关于制造业模块化价值网的体系结构，其中组建核心团队在于聚合价值网中最重要的核心能力，并由此确立基于"核心能力—核心产品—业务单元—最终产品"的关键策略和产品竞争力导向；其次阐述了模块化价值网中的知识管理过程，包括知识创造、知识转移、知识共创和知识整合的全过程；最后，提供了一个基于模块化价值网的会计信息系统模型，以及基于模块化价值网运作的成本要素及核算方法。

表 3-1　　　　　基于模块化价值网运作的成本要素及核算方法

成本要素			相关说明及计算方法
与订单无关的成本	IT 基础设施		合作之初产生的硬件软件、网络、交互界面安装成本，盟主可依据总造价和合作伙伴数量收取入门费、资格费等
	IT 运作维护		IT 系统运作成本和维护费用，作出成本预算
	能力单元管理		依据市场环境和客户需求，视订单作出能力调整；盟主制定完成相关任务的预算，主要由盟员分摊付费进行资助
	营销及售后服务		制定营销及市场分析、售后服务、产品回收等方面的成本预算
	与订单无关的流程链		接到特定客户要求后，盟主须将客户要求分解成模块，分配给各个模块企业。分解流程可在接到订单后人工完成，也可按标准化流程链或已经完成的订单安排来完成。采用与订单无关的流程链，可依据标准化工时率进行分摊
	质量保证金		盟员向盟主交付一定费用，用于质量担保，节余部分可在合作伙伴间共享
与订单有关的成本	网络层次上的成本	流程链	将客户对产品要求分解为若干模块，绩效可直接归到对象；依据分解的程度和模块企业数量，可视为成本驱动因素
	能力单元层次上的成本	IT 运作	包括数据管理、额外维护和人工成本，依据模块企业数量和订单规模来计算
		接洽/商谈	包括客户商谈、模块企业宣传成本，需在报价中附加一定比例的加成，视订单完成后支付给模块企业
		结算价格	盟主通常可以采取两种做法：一种是采用预定的流程链和预先订立的工时率，在预定的流程链即将到来时，成本信息的获取和成本结构的发展就会出现在网络层次上；另一种是盟主将客户订单分解成一定的任务单元，根据预先订立的标准工时率和经验数据确定标底，在联盟内对有资格的模块企业招标，完成任务后按中标价结算
		物流成本	物流成本可按照预定流程链的方法处理，根据距离、体积/重量进行标准运输服务价格（第三方物流商报价）商谈
成本总计			盟主在编制订单产品成本构成报告和总价时，根据作业成本法计算。先计算参与订单的各能力单元层次上的成本，再累加网络层次上的成本，最后将与订单无关的成本依据总订单量（额）和该订单工期设定分摊比例，计算该订单分摊的成本后，加总到计算结果中

第四章

基于协同增值的整合架构

本章拟切入最为重要的增值意义和协同视角，通过概念化阐明商业生态系统、价值网、企业数字化平台三者之间的关联性，整体确立协同增值的分析框架，继而描绘价值网与企业数字化平台互构实现的协同增值模式，重点是探讨基于价值共享共创的管理实现及其理论构建，包括作出商业生态系统情景下企业价值网平台的界面虚拟，刻画一个关于价值共享共创管理集参考模型，或类似于整体解决方案的设计架构。

第一节　理论关联及假设

商业生态系统作为一个具备生态整合和自优化特性的动态复杂性开放系统，可充分实现价值共享共创生态模式和最佳网络效应，具有协同增值的动态内涵和网络化、虚拟化以及共享共创结构特征。引入价值网分析模型，能够提供基于协同增值的全面绩效设计及其检验机制；构建企业数字化平台可满足基于全面工具协同的系统操作平台。三者统一于一体，确立一种彼此关联、协同一体化互构关系，旨在实现全面协同增值与价值共享共创生态模式。由此，可提出以下假设。

H1：商业生态系统在于为系统实现协同增值与价值共享共

创提供一种生态网络环境。

商业生态系统是一个复杂开放系统，具有网络组织的全部特征，是以组织的存续环境和利益关联为基本前提，以信任合作、共享共创、竞合结盟为生态内涵，并以网络化、虚拟化、自组织、自优化和动态整合为显著标志，甚至覆盖了一个组织无边界、跨行业、跨区域或全球化的商务社区。在系统架构上，包含了核心企业、合作伙伴、客户、消费者群体、竞争者以及政府和社会中介组织，且彼此结成了能够持续支持系统协同增值与价值共享共创的生态网络。

H2：价值网能够为系统实现协同增值与价值共享共创提供其分析工具。

引入价值网分析模型，在于实现由顾客、供应商、合作企业甚至竞争对手构成的增值网络模式，其核心是通过定制化服务"包"的解决方案与顾客保持一致，同时提供了一种建立在快速响应、快速合作、敏捷生产与分销机制下的检验模式。在价值网模式下，至少存在一个品牌核心企业，它与横向行业价值链和纵向资源供应链连接的商务伙伴（企业）一起，共同参与增值网络的编织（集成），从而主导其增值方式和价值流向。在其技术架构上，是基于网络（Internet/Extranet/Intranet）、数据（data）、Web界面和应用软件支持（包括 ASPs 方式），能够有效运用扩展的使能技术和网格技术支持的全面电子外包（e-sourcing）方式，包括支持 ERP - Ⅱ（扩展的企业资源计划）、e-CRM（基于 Web 的客户关系管理）、e-SCM（基于 Web 的供应链管理）、e 流程（e-process）、电子商务和电子协同整合与系统集成，全面搭建基于 Web 的信息、知识和价值共享共创的虚拟化集成平台，以及整体围绕价值网与企业数字化平台的互构实现，从而获得并保持敏捷响应、快速合作和协同增值的核心能力（core competencise）。基于价值网的资源界定，内涵上包括人力、物料、资金、设备等有形资产，以及品牌、技术、文化、服务、学习和知识等无形资产；外延上既包含企业所拥有或占有的各类资源，也包含在商业生态系统内可调控的全部资源。纳入价值网分析，也就是不断促使商业生态系统中核心资源共享共创与持续优化的一种机制化检验过程，更重要的是能够满足对整个系统的全面增值绩效设计或最优目标规划。

　　在商业生态系统建立运行中，实现价值网与企业数字化平台的关联构建，旨在促使企业成员及成员间的虚拟合作（基于电子化契约实现的），抑或结成互相依存的实体性网络组织，从而最大限度地挖掘和利用资源，并充分实现资源的优化配置与共享共创；另外，通过联合组成核心团队（core team），聚合商业生态系统最为重要的核心能力，以及由此确立一种基于"核心能力（core competence）—核心产品（core products）—业务单元（business units）—最终产品（end products）"的关键策略和产品竞争力导向（Prahalad & Hamel，1990）；相应地，品牌核心企业将致力于重组包括自身和所有成员的组织结构、运行机制或模式，使之整体纳入网络一体化和虚拟运作的数字化平台，实现无缝集成与平滑过渡，满足所有合作伙伴、协力者与其自身的充分信息、知识和价值集成，以及通过松耦合方式[①]持续达成无障碍交流和实时共享共创（季六祥，2003）。这种依赖于系统集成机制建立的网络模式，实际是基于 Web 的门户界面虚拟获得的管理实现。

---

　　① 由于参与集成的企业之间难以建立完全统一的数据模型，企业所有的数据和商务逻辑也不可能全部对外开放，因而可采用一种松耦合的集成方式。其概念指的是通过在通信的异步模式下商务的传送来连接应用程序的方式，能够使系统中就事件、信息格式和技术而言的相互依赖最小化。

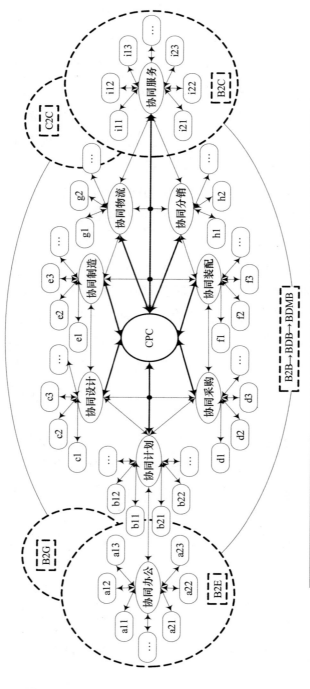

图 4 - 1 企业数字化平台结构

说明：a11、a12、a13 为业务单位门户、a21、a22、a23 为企业服务单位门户；b11、b12 为企业决策者/管理层门户、b21、b22 为企业运营监控门户；c1、c2、c3 为合作研发机构/咨询顾问机构/产品技术开发商门户；d1、d2、d3 为供应商门户、e1、e2、e3 为 OEM/ODM/制造商门户；f1、f2、f3 为装配/测试/终产品门户；g1、g2 为物流外包服务商门户、h1、h2 为渠道分销商/产品销售终端门户；i11、i12、i13 为目标市场顾客门户、i21、i22、i23 为协同商务顾客门户；CPC 为协同产品商务；B2B（企业—企业）/B2C（企业—顾客）/B2E（企业—员工）/B2G（企业—政府）/C2C（顾客—顾客），BDB（电子商务—设计—电子商务）/BDMB（电子商务—设计—制造—电子商务）。

H3：企业数字化平台可为系统实现协同增值与价值共享共创提供基于全面工具协同的系统操作平台。

随着4G/5G网络、互联网、电子商务、大数据、云计算、移动互联网、物联网等数字化技术的日趋成熟和相对完备，以及制造过程的整体"可视化"应用，促使较早的B2B（企业—企业）单一形式演变为系统支持商务应用的多元性平台结构，尤其可满足与扩展的使能技术和网格技术的应用整合，加之OMG标准、EAI接口和基于ASP服务联盟提供的应用支持，以企业协同产品商务（CPC）为基本内容的企业数字化平台已经形成（如图4-1所示）。企业数字化平台在其技术范式上实现了电子商务的应用集成和管理界面的虚拟化实现（基于Web的门户界面），以及在内涵构建和管理意义上，将更加注重于可扩展性、增值性与协同网络的整合机制及其效率的提升。

第二节　互构关系及形式化表达

基于上述假设，可以认为，价值网并非一个可执行商务管理的操作性工具，尚不能独立实现增值网络的协同结构，它依赖企业数字化平台的系统性支持，且以彼此建立的关联、统一为前提，达至二者融合与互构，进而可从理论上生成一个商业生态系统框架下的协同增值网络模式。

图4-2简单勾勒了一个关于价值网与企业数字化平台互构的关系图景，即一个由4个子关系（互构项）交互集成的互构系统，它整合了价值网检验模式、数字化平台工具模式，以及由此派生的关键流程协同管理模式和环境协同与技术支持模式，这种互构关系及其整合效应在结构上的一个映射，或称之为协同增值网络模式。在互构系统中，这些子关系一般地满足了各

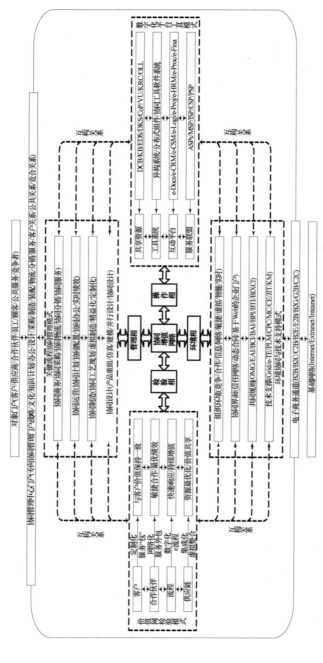

图 4－2　价值网与企业数字化平台的互构关系

说明：DCB（设计案例库）/EDS（专家数据库系统）/DKS（专家知识库系统）/CoP（实践共同体）/VU（虚拟大学）/
KRC（知识资源中心）/KB（知识仓库）/KB（知识库）/OLL（在线图书馆）/e-Docs（e 知识文档管理）/e-Proj（e 项目管理）/
e-Docs（e 知识文档管理）/e-CRM（e 客户关系管理）/e-CSM（e 供应链管理）/e-Logi（e 后勤管理）/e-HRM（e 人
力资源管理）/e-Fina（e 财务管理）；
ASPs（应用服务提供商群体）/MSP（管理发展服务提供商）/CSP（内容服务提供商）/PSP 企业门户服务供应商；
OMG（对象管理组织）/EAI（企业应用集成）/BCI（业务通信整合）/BAI（业务资产整合）/BPI（业务流程整合）/BTI（商业交易整
合）/BIXCI（业务信息交换与合作整合）/PLM（产品全生命周期管理）/CPC（协同产品商务）/MC（大批量定制）/CE（并行工程）/JIT
（即时制）/TE（扩展使能技术）/KM（知识管理）。

互构项在管理功能上所具有的物理意义。设 Y_{CVAN} 为协同增值网络，T、O、M、E 依次为协同增值检验项、操作项、管理项和环境项，则有：

$$Y_{CVAN} = \lambda [T, O, M, E] + c \qquad （公式 4-1）$$

公式 4-1 中，λ 为互构系数，且满足 $\lambda = \langle \alpha, \beta, \gamma, \omega \rangle \subseteq R$，$R = \alpha \cup \beta \cup \gamma \cup \omega$，$Y_{CVAN} = P(R)$，$\alpha$、$\beta$、$\gamma$、$\omega$ 分别为关联度、协同依存度、可增值性和共享共创指数，R 为互构关系；c 为剩余解释部分。因每一子关系一般存在着多个次级关系，或为关系的二次分解。

1. 检验项分解

$$T = \lambda_T (T_{CV}, T_{PP}, T_{EP}, T_{IP}, \cdots) + c_T$$

检验项主要由 4 个检验模块组成，即 T_{CV}、T_{PP}、T_{EP}、T_{IP} 分别表示为保持与客户价值一致性检验、商务合作伙伴集合绩效检验、e 流程优势检验和整合供应链绩效检验；式中 λ_T、c_T 各为检验项系数和检验模式中尚未解释部分，且有 $\lambda_T = \langle \alpha_T, \beta_T, \gamma_T, \omega_T \rangle \subseteq R_T$，$T = P(R_T)$。设 T 包含 n 个模块，则第 i 个模块的决定系数为：

$$\lambda_{Ti} = \langle \alpha_{Ti}, \beta_{Ti}, \gamma_{Ti}, \omega_{Ti} \rangle \subseteq R_{Ti} \qquad (i = 1, 2, \cdots, n)$$

因系统所承担的不同信息化任务，均涉及系统中不同资源调用或任务分配，此时一个模块所包含的不同任务（关系）单元其角色、作用及参与程度也不尽相同，那么决定第 i 个模块的第 j 个任务（关系）单元的系数项为：

$$\lambda_{Tij} = \langle \alpha_{Tij}, \beta_{Tij}, \gamma_{Tij}, \omega_{Tij} \rangle \subseteq R_{Tij} (i = 1, 2, \cdots, n; \quad j = 1, 2, \cdots, m)$$

以下，则类推。

2. 操作项分解

$$O = \lambda_O (O_{SR}, O_{TS}, O_{CM}, O_{SU}, \cdots) + c_O$$

其中，O_{SR}、O_{TS}、O_{CM}、O_{SU} 分别为共享共创资源模块、工具系统模块、互动平台模块和服务联盟模块，λ_O、c_O 各为操作项系数和操作模式中尚未解释部分，且有 $\lambda_O = \langle \alpha_O, \beta_O, \gamma_O, \omega_O \rangle \subseteq$

R_O，$O = P(R_O)$。

3. 管理项分解

$$M = \lambda_M(M_{CD}, M_{CM}, M_{CR}, M_{CB}, \cdots) + c_M$$

其中，模块 M_{CD}、M_{CM}、M_{CR}、M_{CB} 分别为协同设计、协同制造、协同运营和协同商务，λ_M、c_M 各为管理项系数和非关键流程设计及管理中尚未解释部分，且有 $\lambda_M = \langle \alpha_M, \beta_M, \gamma_M, \omega_M \rangle \subseteq R_M$，$M = P(R_M)$。

4. 环境项分解

$$E = \lambda_E(E_{OE}, E_{CE}, E_{CR}, E_{TS}, \cdots) + c_E$$

其中，模块 E_{OE}、E_{CE}、E_{CR}、E_{TS} 分别为组织环境特征、协同效率界面、企业共同规则和技术支撑系统，λ_E、c_E 各为环境项决定系数和环境协同及技术支持尚未解释部分，且有 $\lambda_E = \langle \alpha_E, \beta_E, \gamma_E, \omega_E \rangle \subseteq R_E$，$E = P(R_E)$。

此外，c 也同时被相应分解，即 $c = \{c_T, c_O, c_M, c_E, \cdots\}$。

归纳起来，可得出以下三个关系式。

（1）系统关系分解有向图：

$$R \xrightarrow{r^{(1)}} \{R_T, R_O, R_M, R_E, \cdots\} \xrightarrow{r^{(2)}} \{R_{Ti}, R_{Oi}, R_{Mi}, R_{Ei}, \cdots\} \xrightarrow{r^{(3)}}$$
$$\{R_{Tij}, R_{Oij}, R_{Mij}, R_{Eij}, \cdots\}\cdots \qquad （公式4-2）$$

其中，$r^{(1)}$、$r^{(2)}$、$r^{(3)}$ 依次为一次、二次、三次分解过程。

（2）相对于（4-1）式的次级表达式为：

$$Y'_{CVAN} = \left[\gamma_T \begin{bmatrix} \alpha_T & T_{CV} \\ \beta_T & T_{PP} \\ T_{EP} \\ \omega_T & T_{IP} \\ \vdots \end{bmatrix} \right] \left[\gamma_O \begin{bmatrix} \alpha_O & O_{SR} \\ \beta_O & O_{TS} \\ O_{CM} \\ \omega_O & O_{SU} \\ \vdots \end{bmatrix} \right] \left[\gamma_M \begin{bmatrix} \alpha_M & M_{CD} \\ \beta_M & M_{CM} \\ M_{CR} \\ \omega_M & M_{CB} \\ \vdots \end{bmatrix} \right] \left[\gamma_E \begin{bmatrix} \alpha_E & E_{OE} \\ \beta_E & E_{CE} \\ E_{CR} \\ \omega_E & E_{TS} \\ \vdots \end{bmatrix} \right] \cdots + \begin{bmatrix} c_T \\ c_O \\ c_M \\ c_E \\ \vdots \end{bmatrix}$$

（公式4-3）

公式 4-3 并非一个完全关系式，以此推之，尚可满足其多级表达式。

（3）决定系数关系式：

$$\lambda = \langle \lambda_M \rangle = \langle \alpha_M, \beta_M, \gamma_M, \omega_M \rangle = \langle \alpha_{Mi}, \beta_{Mi}, \gamma_{Mi}, \omega_{Mi} \rangle$$

$$\begin{array}{lll}
\lambda_T & \alpha_T, \beta_T, \gamma_T, \omega_T & \alpha_{Ti}, \beta_{Ti}, \gamma_{Ti}, \omega_{Ti} \\
\lambda_O & \alpha_O, \beta_O, \gamma_O, \omega_O & \alpha_{Oi}, \beta_{Oi}, \gamma_{Oi}, \omega_{Oi} \\
\lambda_E & \alpha_E, \beta_E, \gamma_E, \omega_E & \alpha_{Ei}, \beta_{Ei}, \gamma_{Ei}, \omega_{Ei} \\
\vdots & \vdots & \vdots
\end{array}$$

$$= \langle \alpha_{Mij}, \beta_{Mij}, \gamma_{Mij}, \omega_{Mij} \rangle = \cdots \qquad （公式 4-4）$$

$$\begin{array}{l}
\alpha_{Tij}, \beta_{Tij}, \gamma_{Tij}, \omega_{Tij} \\
\alpha_{Oij}, \beta_{Oij}, \gamma_{Oij}, \omega_{Oij} \\
\alpha_{Eij}, \beta_{Eij}, \gamma_{Eij}, \omega_{Eij} \\
\vdots
\end{array}$$

从系统的网络性质来看，决定系数至少存在以下三个主要判点。

判点 1：若系统有 $0 < \lambda \leq 1, 0 < \lambda_T \leq 1, 0 < \lambda_O \leq 1, 0 < \lambda_M \leq 1, 0 < \lambda_E \leq 1$，系数值分布较均匀且较大，表明 R 值较大，网络结构趋于紧密和有效；其中互构相系数值相对较大或较小，对应于系统的影响也将较大或较小；如果某一互构相系数值趋于 0，则 R 值随之趋于 0，势必造成系统缺陷，表明互构关系无效；但系统是一个动态性结构，或意味着现有系统关系的终结，并引发系统的二次构造。

判点 2：若 $0 < \alpha \leq 1, 0 < \beta \leq 1, 0 < \gamma \leq 1, 0 < \omega \leq 1$ 均有意义，参数值相称且较大，则 λ 或 R 值较大，表明网络质量趋优；参数值相对较大或较小，其对应于子系统的贡献值（率）也将较大或较小，但如果只有某一至二个参数值最小或趋于 0，

但不完全会造成系统的缺陷，系统的存在仍有意义。

判点 3：就网络质量评价方面，$\omega > \gamma > \beta > \alpha$ 是关于不同参数的重要性排序，其权重设计也是对应的，其中共享共创指数 ω 作为核心参量，对于结果具有决定性影响；但一般情况下，其余参量和 ω 之间存在着很大程度的一致性，而且这种近乎稳定的关系是动态的，以及能够不断完成自我调节和实时优化。

理论上，网络管理实现仍属于一个多目标规划问题，其一般配合的约束方程为：

$$\max Y = P$$

$$\begin{cases} 0 \leqslant \Delta T \leqslant \Delta T_{\min} \\ P = f(\Delta T) \\ Y = (1 - P)Y_1 + PY_2 \\ \Delta Y = Y - \bar{Y} \\ \Delta Y - \Delta T > 0 \end{cases} \qquad （公式 4-5）$$

这是一个典型的非线性优化模型，出于简单考虑，可将协同、增值、共享共创等多个目标归并为系统的总收益 P；ΔT 为系统中基于信息化任务的资源投入增加值，$\Delta T_{\min}$ 则为最小投入的可能性；$f(\cdot)$ 表示为系统总收益 P 与总投入增加的函数关系，且遵循于负 Logistic 的函数形式；Y 为系统请求的期望收益，Y_1 为一般状态下所获得的收益，Y_2 为基于协同、增值与共享共创条件下可实现的收益，ΔY 则是预期收益增加值。

在通常情况下，此模型必有非零解，并意味着至少存在一个及以上的最优解。当获得最优解时，表明网络管理运行满足了最优决策条件下的最佳效率机制，此时的协同增值效益最大化，共享共创结构趋于理想状态。由此完全可以做出其充要假定：满足于全面价值共享共创的总体目标即为最优求解，这便是给出（公式 4 – 5）的真正意义。

第三节　价值共享共创管理集参考模型

一　价值共享共创的关系进程

在关系结构上，商业生态系统具有多主体系统的一般特征，其中品牌核心企业处于主导地位，或视为核心主体，其余外包服务商或合作伙伴则属于竞争性动态主体。设 A_g 为价值共享共创主体；G 为主体在特定条件下形成的价值共享共创目标，其进程是一个不断优化的动态规划过程；主体间建立的联盟关系、竞合关系和共享共创结构，是基于共同契约的动态实现，或作为一种价值共享共创的机制进程 M；除品牌核心企业实际存在外，尚要建立能够持续优化和自我改善的虚拟协作团体，即包含了一个竞争性动态主体的关系集合 T；最后寻求的是关于价值共享共创的整体解决方案，以 S 表示。于是，其基本关系为：

$$U = \langle A_g, G, M, T, S \rangle \qquad （公式 4 – 6）$$

公式 4 – 6 中，$A_g \in T$，$S \in M$。

关于价值共享共创的关系进程，需要进一步作出 π 演算的形式化描述：

$$VS = Agent \mid Goal \mid Mechanism$$

其中，Agent 为基于商业生态系统的价值共享共创主体进程；Goal 为价值共享共创多目标进程；Mechanism 为基于共同契约建立的价值共享共创机制进程。

（1）价值共享共创主体进程，可引入多主体系统模型予以简单描述：

$$Agent \stackrel{def}{=} Mental\ Attitudes_{id} \mid ActioSpec_{id} \mid Interface_{id} \mid Adaption_{id}$$

其中，Mental Attitudes$_{id}$ 为主体的心智态度进程（包括信念、愿景、目标、意图进程组合）；ActioSpec$_{id}$ 为主体的公共行为规范进程（包括主体责任、行为模式、关系约定进程组合）；Interface$_{id}$ 为主体的界面进程（包括主体服务和共享共创请求进程组合）；Adaption$_{id}$ 为主体的自适应进程（包括知识创新、能力更新、目标调整进程组合）。

（2）价值共享共创目标是一个多层次、动态规划进程，依据 π 演算进程定义，则有：

$$Goal = | \langle RE_{gi}; CVA_{gj}; PS_{gk} \rangle | PS_{gi} \subseteq CVA_{gj} \subseteq RE_{gk} \subset SG |$$
$$(i = 1, 2, \cdots, n; j = 1, 2, \cdots, m; k = 1, 2, \cdots, o)$$

其中，子集 RE_{gi}、CVA_{gj}、PS_{gk} 分别表示资源优化、协同增值和利益分享三个目标层次；SG 是一个关于价值共享共创的有序对多目标集合。

（3）价值共享共创机制进程与其目标进程在关系上，对于 π 演算进程定义则是对应的，可通过描述"与/或"树的目标关系图，得出形如 $X | (Y + Z)$ 的关系进程表达式，并进一步演算为 $X | Y + X | Z$ 的形式，使之形成一系列进程的和式表达（熊励等，2006）。

此外，竞争性动态体的关系集合是一个被优化进程，主要取决于核心主体主导下的价值共享共创绩效规划以及资源和能力的策略选择，同时基于上述三个进程来满足其结构改善和竞争性重组。

二 价值共享共创管理集概念规划

由品牌核心企业组建并实际控制的商业生态系统中心门户是一个虚拟集，并由此实现了基于 Web 的协同管理门户界面。其形式上是由多个协同管理专向门户集成，每一专向门户又包含了若干业务门户单元，这些单元的性质可以是管理执行机构、业务部门或业务单元，也可能是临时性组织、中介组织、非组织机构、虚拟团队、任务单元或个人。就实质而言，它不仅在于满足协同增值的效率结构，更重要的是，能够持续支持包括商业生态系统所拥有的有形、无形资源以及信息、管理、文化、学习、知识与技术等不同价值形态的全面共享共创，这样一来，需要引入一个可满足全面管理意义上的价值共享共创管理集。

作为一种概念规划，需要通过基于 Web 的协同管理门户界面的环境设计，继而全面作出价值共享共创及其管理结构的动态规划，包括 3 个层次和 15 个子集（见表 4－1）。

（1）核心层是商业生态系统运作的内核，几乎完全建立在品牌核心企业的架构重组之上，处于概念规划高端的部署和指令地位，在于执行并满足网络整体运行的管理控制及效能，以及动态实现工作流、信息流、物流、资金流、知识流和价值流的并行处理（parallel processing）与统筹规划，其整合、改善及优化要素包括战略、规划、制度、文化、知识、计划、资源、运行、绩效及评价等。

（2）外包层属于商业生态系统运行的外核，是最重要的数字平台及效率界面上的概念规划，其技术依赖主要包括互联网（4G/5G 网络）、电子商务、大数据、云计算、移动互联网、物联网和拓展的使能技术、网格技术、OMG 和 EAI 技术，以及 PLM（产品全生命周期管理）、CPC（协同产品商务）、MC（大批量客户化定制）、CE（并行工程）、JIT（即时制）和 KM（知识管理）等；这一层次实际作为企业数字化平台的主体部分，是建立品牌核心企业与外包服务供应商及合作伙伴之间的协同管理工具，它相当于一个基于 Web 虚拟整合的实时供应链网络，包含从客户在线请求到快速响应、快速合作和电子化定制服务几乎全部内容，其全面外包管理的协同、增值与共享共创要素包括了研发、设计、采购、制造、装配、测试、物流、分销、渠道、服务等。

（3）关系层作为商业生态系统运行支持的外围系统，或视为服务环境与关系资源的概念规划部分，一般纳入环境关系管理架构，并处于网络服务延伸、环境条件和关系资源获得的多种接口位置。其中，环境关系管理及整合因素主要包括增值服务、信息反馈、客户价值与品牌价值、公共资源和竞合战略关系等。

表 4-1　　　　　　　　　　价值共享共创管理集概念规划要目

结构		界面	概念规划要素
核心层	子集 1	协同战略管理门户（cSMP）	战略研究/统筹规划/综合决策分析/制度整合创新/咨询管理
	子集 2	协同文化管理门户（cCMP）	共同愿景/核心价值观/行为协调/文化整合/期权激励
	子集 3	协同知识管理门户（cKMP）	标杆学习/知识整合与创新/虚拟团队/学习与知识共享
	子集 4	协同计划管理门户（cPMP）	在线预测/系统计划/任务分解/综合策略/计划在线监控评估
	子集 5	协同办公管理门户（cOMP）	人事优化管理/财务协同管理/全面绩效评价/实时管理控制
外包层	子集 6	协同设计管理门户（cDMP）	产品结构重组/仿真设计/产品建模/并行设计/虚拟开发团队
	子集 7	协同采购供应管理门户（cPSMP）	即时采购/协同采购/采购供应战略/采购生命周期管理
	子集 8	协同制造管理门户（cMMP）	协同工艺规划/虚拟制造/定制化/产品全生命周期
	子集 9	协同装配/测试管理门户（cATMP）	协同虚拟装配/产品远程配置/产品远程测试
	子集 10	协同物流管理门户（cPLMP）	物流延迟/协同配送/有效配送/第三、第四方物流管理
	子集 11	协同分销/渠道管理门户（cRCMP）	直线订购/连续补货/共同管理库存/零库存/协同渠道管理
	子集 12	协同产品服务管理门户（cPVMP）	在线服务/产品支持/客户支持/售后支持

结构		界面	概念规划要素
关系层	子集 13	协同客户关系管理门户（cCRMP）	客户价值管理/客户知识管理/品牌价值管理/顾客满意指数
	子集 14	协同公共关系管理门户（cPRMP）	整合公共资源/协同政策环境/协调公关/应急预案/危机管理
	子集 15	竞合关系管理门户（C&CRP）	竞合战略博弈模型/竞合关系互动管理

三 建立价值共享共创管理集参考模型

图 4-3 提供了一个关于价值共享共创管理集参考模型，这里实际给出了一种类似于商业生态系统运作整体解决方案的设计架构。

关于模型的逻辑结构，可借助形式化语言描述于下：

$$VSMT = \{Core_b, Outs_c, Rela_d\} \qquad （公式 4-7）$$

公式 4-7 中：（1）$Core_b = \{cSMP_b, cCMP_b, cKMP_b, cPMP_b, cOMP_b\}$ 为核心层（亚集）及其分布于网络空间中的多个子集，而每一子集包含了若干单元集合，一个单元集合又由若干基本功能单元组成。则有：

$cSMP_b = \{cSMP_{bf}\}$ 为战略共享单元集合；

$cCMP_b = \{cCMP_{bg}\}$ 为文化共享单元集合；

$cKMP_b = \{cKMP_{bh}\}$ 为知识共享单元集合；

$cPMP_b = \{cPMP_{bi}\}$ 为计划共享单元集合；

$cOMP_b = \{cOMP_{bj}\}$ 为办公共享单元集合。

且有：

$cSMP_{bf} = \{Stra_{bf1}, Stra_{bf2}, \cdots, Stra_{bfn}\}$；

$cCMP_{bg} = \{Cult_{bg1}, Cult_{bg2}, \cdots, Cult_{bgm}\}$；

$cKMP_{bh} = \{Know_{bh1}, Know_{bh2}, \cdots, Know_{bho}\}$；

$cPMP_{bi} = \{Plan_{bi1}, Plan_{bi2}, \cdots, Plan_{bip}\}$；

$cOMP_{bj} = \{Offi_{bj1}, Offi_{bj2}, \cdots, Offi_{bjq}\}$　（ $f = 1, \cdots, n$; $g = 1, \cdots,$ m ; $\cdots$; $j = 1, \cdots, q$ ）。

（2）$Outs_c = \{cDMP_c, cPSMP_c, cMMP_c, cATMP_c, cPLMP_c, cRCMP_c, cPVMP_c\}$ 为外包层（亚集），同理，则有：

$cDMP_c = \{cDMP_{cf}\}$ 为设计共享单元集合；

$cPSMP_c = \{cPSMP_{cg}\}$ 为采购供应共享单元集合；

$cMMP_c = \{cMMP_{ch}\}$ 为制造共享单元集合；

$cATMP_c = \{cATMP_{ci}\}$ 为装配/测试共享单元集合；

$cPLMP_c = \{cPLMP_{cj}\}$ 为物流共享单元集合；

$cRCMP_c = \{cRCMP_{ck}\}$ 为分销/渠道共享单元集合；

$cPVMP_c = \{cPVMP_{cl}\}$ 为产品服务共享单元集合。

且有：

$cDMP_{cf} = \{Desi_{cf1}, Desi_{cf2}, \cdots, Desi_{cfn}\}$；

$cPSMP_{cg} = \{PS_{cg1}, PS_{cg2}, \cdots, PS_{cgm}\}$；

$cMMP_{ch} = \{Manu_{ck1}, Manu_{ck2}, \cdots, Manu_{cko}\}$；

$cATMP_{ci} = \{AT_{ci1}, AT_{ci2}, \cdots, AT_{cip}\}$；

$cPLMP_{cj} = \{PL_{cj1}, PL_{cj2}, \cdots, PL_{cjq}\}$；

$cRCMP_{ck} = \{RC_{ck1}, RC_{ck2}, \cdots, RC_{ckr}\}$；

$cPVMP_{cl} = \{PV_{cl1}, PV_{cl2}, \cdots, PV_{cls}\}$ （ $f = 1, \cdots, n$; $g = 1, \cdots, m$; $\cdots$; $l = 1, \cdots, s$ ）。

（3）$Rela_d = \{cCRMP_d, cPRMP_d, C\&CRP_d\}$ 为关系层（亚集），则有：

$cCRMP_d = \{cCRMP_{df}\}$ 为客户关系共享单元集合；

$cPRMP_d = \{cPRMP_{dg}\}$ 为公共关系共享单元集合；

$C\&CRP_d = \{C\&CRP_{dh}\}$ 为竞合关系共享单元集合。

且有：

$$\text{cCRMP}_{df} = \left\{ CR_{df1}, CR_{df2}, \cdots, CR_{dfn} \right\};$$

$$\text{cPRMP}_{dg} = \left\{ PR_{dg1}, PR_{dg2}, \cdots, PR_{dgm} \right\};$$

$$\text{C\&CRP}_{dh} = \left\{ CC_{dh1}, CC_{dh2}, \cdots, CC_{dho} \right\} \; (f = 1, \cdots, n; g = 1, \cdots, m; h = 1, \cdots, o)。$$

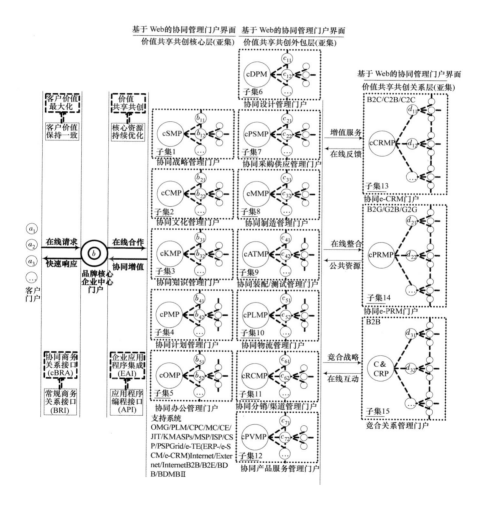

图 4 - 3　价值共享共创管理集参考模型

四　对模型的系统学示证

第一，在 OMG 的开放标准下，基于系统集成建立的生态系统协同管理框架及其支撑的价值共享共创管理集体系，其技术实现的基本逻辑过程为：i 个模块的第 j

$$a \underset{A}{\overset{R}{\leftrightarrow}} b \overset{I^{(1)}}{\underset{C^{(1)}}{\leftrightarrow}} b_i \overset{I^{(2)}}{\underset{C^{(2)}}{\leftrightarrow}} c_{ij} \overset{I^{(3)}}{\underset{C^{(3)}}{\leftrightarrow}} c_{ijk} \cdots \qquad （公式 4 - 8）$$

其中，a、b、b_i、c_{ij}、c_{ijk} 依次为客户门户、协同管理中心门户、第 i 个子域的专向协同管理门户、第 i 个子域内第 j 个 BSD（业务系统域）及接入的门户单元、第 j 个 BSD 内接入的第 k 个门户次单元（BSD 包含的多个站点），R/A 为 a 对 b 实现的在线请求和敏捷响应状态，$I^{(1)}/C^{(2)}$、$I^{(2)}/C^{(2)}$、$I^{(3)}/C^{(3)}$……分别为第一、第二、第三或多层级的松耦合协同状态，而且这些层级之间又往往存在着累加效应。

需要解释的是，因一个 BSD 可具有多个分布式与协同工作的工作流管理产品，而工作流集成则由工作流管理联合体（WfMC）来完成，即通过保持远程分布式的不同 BSD 之间以及工作流集成处于松耦合状态，以满足 OMG 规范定义的在一个松耦合协同管理子域内的共享资源、共享工作流管理产品以及实现互操作性等共享共创方式。同样的，商业生态系统所包含的若干子域之间以及一个整体松耦合系统中的共享共创，还需要 EAI 的工具支持；至于系统与客户间的可扩展性共享共创，往往是基于面向对象的共享共创方式。就关键技术意义上，价值共创管理集概念规划的框架支持，应当是建立在 OMG 接口规范、分布式对象系统、松耦合系统集成和 EAI 模式的基础上，构造一种基于 Web 的协同管理门户界面系统。

第二，关于模型的系统学特征分析，可将商业生态系统结构表示为一个三元组：

$$UNP : \{SO, SR, ST\} \qquad （公式 4-9）$$

其中，SO 为价值共享共创的系统优化目标；SR 为协同增值集合，且 $SR = S(R)$，R 为可用价值资源集合，S 为关于 R 的选择函数，$SR \subset R$；ST 为协同管理系统平台的任务集合，$ST = \{t_1, t_2, \cdots, t_m\}$，$t_j (j = 1, 2, \cdots, n)$ 为第 j 个子任务。基于此，可进一步作出有关系统检验特征项及其效应分析。

（1）动态聚合与优化效应。对于商业生态系统实现的网络结构，一般由许多增值性的价值节点聚合而成，其聚合过程被定义为 SR 元组上的一个自映射：

$$SR \xrightarrow{R_f} SR' \qquad （公式 4-10）$$

其意义在于：当三元组发生变化时，势必导致整个网络资源的结构改变，从而引发系统的动态聚合，包括更新和改善系统现有价值资源的形态、分布及组成，并动态整合系统外的优质资源，从而达到系统增值网络结构的持续优化。

（2）非线性集成增值与共享共创效应。在非线性系统中，设 X 为输入元，Y 为输出元，则有 $Y = f(X)$，且 $X = \{x_1, x_2, \cdots, x_n\}$；再以 Volterra 级数展开，即为一个离散 Kolmogorov Gabor 多项式：

$$Y = a_0 + \sum_{i=1}^{n} a_i x_i + \sum_{i=1}^{n} \sum_{j=1}^{n} a_{ij} x_i x_j + \sum_{i=1}^{n} \sum_{j=1}^{n} \sum_{k=1}^{n} a_{ijk} x_i x_j x_k + \cdots + H.O. \qquad （公式 4-11）$$

此式穷尽了输入元自身和相互间的各种组合。其中，一次项为各输入元之间的线性集成，高次项为各输入元之间的非线性集成；高次项及系数的物理意义分别为合作和协调，$H.O.$ 则为各输入元更高层次上的协同、增值与共享共创。

在网络实际运行过程中，将依据不同信息化及增值任务，实时选择和优化配置可增值性资源，基于集成对象以及彼此关系的动态过程，可通过非线性集成实现增值效应，此时系统的价值共享共创结构也将随之得到优化，从而获得显著的价值共享共创效应。

（3）自组织整合效应。基于网络的分布式特点，可满足不同地域、不同区间、不同技术层次及管理界面所分布的价值资源的有效集成，使之形成在空间上的协同流转及优化配置，以获得空间性整合效应；同时，由于网络中每一价值资源可能在不同时段处于不同角色或分布类型，促使这些资源配置在时间上的协同优化，则可实现其整体增效。由此形成了一种"全时空"的协同增值网络结构，这一结构将随着商业生态系统营商环境的持续改善，并主动达至与环境协同的理想状态。

（4）系统进化的正反馈效应。价值网与企业数字化平台的互构实现，实际是一个正反馈过程，这一机制能够促使系统进化以达到新的平衡点，有助于系统快速适应营商环境的变化，强化网络运行效率的过程改善，进而推进价值共享共创结构的动态优化。其进化过程可以用迭代系统语言予以描述如下。

设 S 为网络未形成时的组织系统，R 为系统的形成；输入 S_n 经由 $R(S_n)$ 转化为输出 S_{n+1}，S_{n+1} 经延时再输入经 $R(\cdot)$ 转化为输出 S_{n+2}，如此不断迭代。设迭代关系为 $S_{n+1} = R(S_n)$，则有：

$$S_1 = R(S_0)$$
$$S_2 = R(S_1) = R(R(S_0)) = R^{(2)}(S_0)$$
$$\cdots$$
$$S_n = R^{(n)}(S_0) \hspace{3cm} （公式 4-12）$$

其中，n 表示迭代次数。

商业生态系统是一个全程式网络生态系统与竞合型的敏捷

虚拟化组织，具有主动适应、自我改善、持续优化和自组织实时更新的全能机制，其实质在于系统构建协同增值的网络模式和基于价值共享共创实现的体系结构；引入价值网分析在于满足全面增值绩效设计或最优目标规划，而企业数字化平台则提供了全面工具协同及系统操作平台，二者间的互构实现，即为商业生态系统虚拟运行的网络模式；其进一步实现的协同增值管理范式，实际是提供了一个基于 Web 门户界面的价值共享共创管理集。

第五章

生产性服务业与制造业协同集聚创新

随着产业分工协作在全球范围内得以不断深化，诸多生产性服务已从制造企业分离出来成了独立业态，继而重新嵌入制造业价值网链之中，使价值网结构和层级体系变得更为复杂。与此同时，由于生产性服务业与制造业协同集聚，促进了价值网不断创新，推动了企业间竞合关系的良性发展，为制造业转型升级开辟了新的渠道和更大空间，同时也加速了制造业集群转型升级和商业生态系统的演化进程；将产业集群纳入价值网链所构建的集群式价值网平台，有利于培育区域经济新的增长点或增长极，为区域经济发展提供新的重要载体，也不断促使二、三产业的优化重构，进而走向协同演进（程李梅等，2013）。《中国制造2025》指出，中国应加快制造与服务的协同发展，推动商业模式创新和业态创新，促进生产型制造向服务型制造转变。而服务创新是制造业企业服务化转型升级的关键所在，是实现制造业企业可持续发展的一种基本方式（许晖、张海军，2016；Visnjic et al.，2012）。

第一节　文献回顾

一　生产性服务业与制造业的互动关系

从产业融合过程及其影响来看，刘浩（2010）认为生产性服务业与制造业共生网络是典型的产业间共生网络；产业间的协同化、网络化和共生化发展已成为增强抗风险能力、维持国际竞争优势和实现产业结构优化升级的有效途径。李美云（2011）提出通过价值链的纵向延伸、横向拓展、活动虚拟以及价值网模式是制造业与服务业融合的主要方式。刘立霞（2011）通过实证表明：金融、科技等服务业与制造业紧密关联，生产性服务业与传统制造业关联度较高，但与高端制造业关联度则较低。陈赤平和刘佳洁（2016）探讨了处于工业化中期生产性服务业与制造业之间的协同定位。张永庆和邵云龙（2017）基于价值链视角，对生产性服务业与制造业互动关系进行了检验。席强敏和罗心然（2017）阐述了生产性服务业与制造业协同发展的体系特征。魏艳秋和高寿华（2017）通过实证显示，生产性服务业对制造业的促进作用明显弱于制造业对生产性服务业的需求拉动作用。郭予滨（2017）指出了生产性服务业与制造业产业联动中的技术溢出是制造业技术提升的有效途径。刘朝阳（2017）则强调生产性服务业通过降低制造企业的交易和管理成本，能够提高制造业效率，在新型生产性服务业和金融业中介效应将更加明显。贺小丹和田新民（2018）进一步认为，高端生产性服务业发展以及向制造业全方位渗透，是推动生产性服务业与制造业融合的动力来源，对于提升产业结构层次及其核心竞争力起着关键作用。张福（2017）基于多维邻近视角，指出生产性服务业与制造业在产业融合影响路径上，认知邻近是前提，包含产业替代关系与竞争以及需求的推动；制度邻近是条件，应提供宽松的产业环境；技术邻近是动力基础，可促成产业边界的技术创新。其中技术邻近对产业融合的促进作用最大，制度邻近作用则最小。綦良群和张庆楠（2018）进一步研究表明，装备制造业与生产性服务业网式融合影响因素包括网络能力、装备制造业竞争力水平、生产性服务业动态匹配性和创新驱动，其中网络能力与创新驱动是关键因素。

再从一些发达国家得出的经验来看，譬如，俞晓晶（2017）通过研究德国生产性服务业发展的经验表明，制造业为生产性服务业发展提供了基础，而生产性服务业则为高端服务业发展提供了基础。德国工业 4.0 战略实际是涉及制造业与服务业的双重战略，旨在促进工业化与信息化深度融合下的制造业和服务业进一步融合与共生。田正（2017）通过分析日本生产性服务业发展的影响因素指出，工业化程度、专业化程度以及服务业效率的提高将有助于生产性服务业发展。时鹏科（2018）研究发现，美国制造业转型中生产性服务业发展主要表现在商务服务业、金融保险业与不定产租赁脱离制造业，其产业资本逐渐流向非生产领域，从而导致了美国生产性服务业与制造业出现相互分离的状态。但处在制造业转型过程中，出现生产性服务业与制造业的分离，则不利于生产性服务业的可持续发展。

二　生产性服务业集聚发展

有关生产性服务业集聚模式及溢出效应研究。Meliciani 和 Savona（2015）认为生产性服务业集聚表现为各种服务生产要素在一定地域范围内形成大量而有效集中，在制造业转型升级中产生了溢出效应，并从一个侧面印证了现代服务经济的快速崛起。刘奕等（2017）指出需求规模、社会创新体系、综合交易成本是通过生产性服务业集聚间接作用于制造业升级，要素禀赋与政策环境则构成了直接正向影响。李卓迪等（2018）强调生产性服务业集聚对周边制造业升级具有正向的空间溢出效应，相反对本地制造业升级则存在一定的抑制效应。陈松青和周琴（2018）强调技术密集型制造业发展对生产性服务业具有显著正向推动作用，而资本密集型制造业占比上升对生产性服务业影响并不显著；制造业升级对生产性服务业将产生溢出效应。詹浩勇等（2017）认为在生产性服务业集聚和制造业转型升级的动态发展过程中，集群式价值链网络从产业组织和空间范围两个维度演进，为产业集聚经济圈以及国家产业升级提供动力，带动了生产性服务业在不同空间层次形成单核、多核、体系化、集聚经济圈内部网络化、基于国家价值链重构的网络化等集聚模式。张虎等（2017）研究发现：生产性服务业与制造业协同集聚具有空间反馈机制和空间溢出效应，相邻地区生产性服务业与制造业协同集聚产生了空间溢出效应，协同集聚与定位有利于相邻地区空间的互动，并形成合理产业布局。张虎和韩爱华（2018）进一步指出，生产性服务业与制造业存在空间分异，生产性服务业规模分布受相邻地域影响更为显著。谢众等（2018）通过实证表明，中国东部地区生产性服务业集聚程度最高，对制造企业生产效率促进作用更显著；相较低生产率企业，集聚对高生产率企业促进作用更强；集聚对资本密集型企业和劳动密集型企业生产效率促进作用非常明显，但对技术密集型企业作用没有体现。高寿华等（2018）通过对长江经济带生产性服务业与制造业协同集聚研究指出：协同集聚高度区域表现为以长江经济带下游为核心逐渐向长江中游过渡；

协同集聚存在明显的空间溢出效应,市场驱动、创新能力、城镇化、网络技术与基础设施以及政府行为均对协同集聚具有显著的正向影响,其中政府行为的影响程度最大。

对生产性服务业集聚发展策略分析。如陈蓉和陈再福(2017)提出通过推动制度创新、优化产业空间布局、完善城镇功能、创新产业协同集聚模式、加强人才引进和培养等途径,能够有效促进生产性服务业与制造业协同集聚。詹浩勇等(2017)指出,对不同类别制造业均衡发展的城市应该围绕重点功能需求来发展专业化生产性服务业集聚,以技术密集型制造业为主导的城市应重点发展知识密集型服务业集聚,以资本密集型制造业为主导的城市应着重发展与特定制造业集群体系配套的多样化生产性服务业集聚,以技术、资本密集型制造业为主导的集聚经济圈核心城市则应发展定位于高端生产性服务业集聚。张玉华和张涛(2018)强调了生产性服务业与制造业协同集聚水平呈现为空间集聚性,金融科技主要通过政府研发经费投入和科技创新要素投入促进生产性服务业与制造业的协同集聚发展。杨仁发和汪青青(2018)进一步指出生产性服务投入可促进制造业国际竞争力提升,金融保险、科学技术、交通运输仓储投入服务化往往通过技术创新来提升制造业国际竞争力。

三 产业集群协同创新

对创新型产业集群与协同创新机制探讨。程德理(2007)认为网络资源状况和集群行为主体构成的网络节点及其能动性决定了集群网络的创新能力,提出知识机构是集群网络创新系统中的研究型创新主体。成斌(2008)指出产业集群内存在大量有创新压力的企业和研究机构,其拥有稳定的促进学习、交流和进步的共生机制，为企业和各种组织的创新活动提供了一种合作过程及优势。夏永红（2008）强调集群创新网络能够实现产业集群创新功能，包括节约市场交易费用、规避创新溢出效应及获取规模经济等。张哲（2009）指出了传统产业集群希望继续保持并不断增强竞争力，必须将其打造成创新型产业集群。金潇明（2010）探讨了基于螺旋型知识共享的产业集群合作创新问题，指出知识创新是知识经济时代产业进步和集群可持续发展的关键。陈劲和阳银娟（2012）明确指出，协同创新是一种以知识增值为核心，企业、政府、大学、研究机构、中介机构和用户等为实现重大科技创新开展大跨度整合的创新组织模式。

此外，王辉（2008）从产业集群升级机制的角度，提出促进产业集群技术创新能力与绩效提升以实现从低成本集群向创新集群转变，建立完善产业集群网络创新机制是实现这一转变的重要途径。蔡进兵（2011）强调集群核心企业的成长是实现集群产业升级的有效方式；能够促进集群内部治理水平的提高，并通过自身在全球价值链上地位的提升，引领集群产业升级。赵波（2011）通过对产业集群内部特征与集群创新绩效的实证表明：集群的协同性和支持性对产业集群创新绩效存在显著的正向影响，集群的集聚性对集群的技术创新绩效同样存在显著的正向影响，但对集群的生态绩效则为负相关。

第二节　生产性服务业与制造业协同集聚创新

一　制造企业与生产性服务企业间的服务外包

在商业生态系统中，制造企业与生产性服务企业之间通过网络合作规范和显性契约关系形成了一种互相信任、相互依赖、共享收益和风险共担的合作模式，即为常见的服务外包合作模式。生产性服务外包具有的关系特征，如地理接近性与关系接近性并存、知识的频繁交互和众多外包关系所形成的网状结构。进一步地，生产性服务企业之间及其与制造企业在服务外包的交互过程中实际形成了以价值为纽带的关系网络。由此，服务外包是在价值网关系契约和网络规范的共同作用下，通过发挥规模经济和专业化优势，以获取共同收益，并降低边界成本，从而取得战略优势。价值网优势源于知识共创和技术扩散，外包网络完全可以通过知识互动来形成技术创新和管理创新优势（王成亮等，2011）。

在价值网中，由于一些网络成员聚合了网络中最为重要的核心能力，进而可形成核心团队。相应地，处在价值网高端的品牌核心企业充当了网络系统规则的设计者和主导者，其以横向的行业价值链、价值模块和纵向的资源供应链连接的合作伙伴为对象，编织并推动了价值网平台的系统构建，以及致力于重组其自身与网络核心成员的运行机制、组织架构和知识管理模式，使之整体纳入网络一体化数字化平台，从而满足自身与合作者之间的充分信息、价值和知识集成。处在价值网底层的模块生产商作为网络节点，则依据自身具有的核心资源和网络能力以融入价值网，并就某一领域做精、做强。此外，为数众多的生产性服务外包关系也实际形成了一种耦合网状结构，在不同生产性服务企业之间及其与制造企业之间，可通过服务外包合作方式，形成紧密关联的多向性连接并纳入网络一体化数字化平台。科研教育机构能够不断为网络提供新的知识、技术以及为企业人员提供教育培训支持，有助于促进价值网平台内部企业的繁衍和发展；金融保险机构可为网络内部企业提供创新基金、风险投资、财产人身保险或其他金融支持，尤其是风险投资对高新技术产业的支持将至关重要；中介机构能够有效协调和规范外包市场行为，促进外包交易以及协调外包业务运作，引导资源合理配置，降低外包纠纷和风险；处在商业生态系统中的政府机构主要为价值网中的信息交流、知识流动和技术创新等营造良好的软硬件环境，提供一种促成企业合作共赢的外部机制。

处于商业生态系统中的生产服务机构，基于各种服务外包的频繁交互，促进了信息流、物流、资金流和知识流的高度融合，以至于各类生产性服务在价值网平台中不断寻找能够使其价值增值的环节和接合点。生产性服务企业与制造企业往往以嵌套方式耦合在一起，而且生产性服务企业在整个价值网平台中的地位也越发重要，成为价值增加的重要来源之一。服务外包网络促使了企业价值创造空间从企业内部延伸至企业外部，价值创造源泉从有形物质拓展至无形资源，价值创造要素也从物质要素上升为知识要素，价值创造范式则从实体经营快速推向了虚拟经营（王树祥等，2014）。

二 生产性服务业集聚与制造业价值网演化

生产性服务业集聚有力推动了产业结构升级和区域经济的快速发展。生产性服务业集聚形成了专业化集聚和多样化集聚两种路径，前者通过规模竞争效应、专业化效应和知识溢出效应等外溢效应促进了制造业升级。其中规模竞争效应主要通过竞争来降低服务成本和价格，提高服务质量或优化业务流程，以降低制造业企业的成本和附加值与技术水平；专业化效应是通过服务专业化和差异化创新，促进了制造业技术创新；知识溢出效应则通过人才资源合作与交流促进制造业产业升级。后者主要通过规模经济效应、合作效应与知识溢出效应等外溢效应促进了制造业产业升级。其中规模经济效应往往通过降低服务成本与价格来提升制造业资源配置效率；合作效应以服务模式创新为路径来改进制造企业发展模式；知识溢出效应则体现为不同行业的人力资源流动与信息、知识的互动交流，以及在制造业企业间传递扩散，从而促进制造业升级（苏晶蕾等，2018）。

由于实现了产业生产和服务要素、资源与特定的地域空间因素的有机结合，由制造业和生产性服务业为主体构成的集群式价值网，或历经了由线性价值链到平面式价值网再到立体结构集群式价值网的演化过程。这种立体结构空间维度，是由制造业与生产性服务业依托紧密的不同产业属性决定的产业关联，在一定空间范围内形成了差异性定位和协同发展，促使价值网络演变不断突破了地域空间限制，并逐步形成从产业集群、功能集聚区、产业集聚经济圈直至商业生态系统等经济空间体系（詹浩勇、袁中华，2017）。

三 生产性服务业与制造业协同集聚创新机制模型

在商业生态系统中，生产性服务企业通过结构嵌入、关系嵌入两种方式融入价值网，分别从战略层面和运营层面与制造企业耦合形成以价值为纽带的生产性服务外包网络，在产业环境、政策环境、市场环境、科技环境和社会文化环境等环境驱动下，以及竞合机制、学习机制和扩散机制等共创机制作用下，实现信息流、物流、资金流和知识流的高度整合；通过资源交换与合理配置、知识共享和技术扩散，形成了行业间技术创新、制度创新和营商环境创新等协同创新优势，并进一步通过规模经济效应、竞争效应、专业化效应、合作效应以及知识溢出效应等外溢效应，从而促进产业结构的优化升级。至此，图5-1构造了一个商业生态系统中生产性服务业与制造业协同创新模型。

此模型将有助于分析处在传统制造业低效的分工体系和交易效率对产业转型升级以及生产性服务业创新发展构成的制约因素，谋求旨在打破生产性服务业与传统制造业供需低效平衡，以及如何解决生产性服务需求不足的难题和障碍；构建具有个性化、专业化、功能性的服务集群，发挥服务集群转型对制造业集群升级的拉动作用；提出并规划基于企业、产业全要素过程管理、系统高效运作与持续改善、协同竞争优势与知识共享网络驱动的创新平台战略。

推动生产性服务业创新发展需要积极探寻与制造业融合发展和协同创新的新思路、新方法。本章基于价值网分析视角，从一般理论意义上刻画了一个关于商业生态系统中生产性服务业与制造业协同创新模型。通过阐明产业集群内企业间的协同创新、生产性服务业与制造业协同创新的机制或模式，借以分析传统制造业低效的分工体系和交易效率对产业转型升级以及生产性服务业创新发展构成的制约因素，为破解生产性服务业与制造业供需低效平衡、生产性服务需求不足的难题提供新思路。

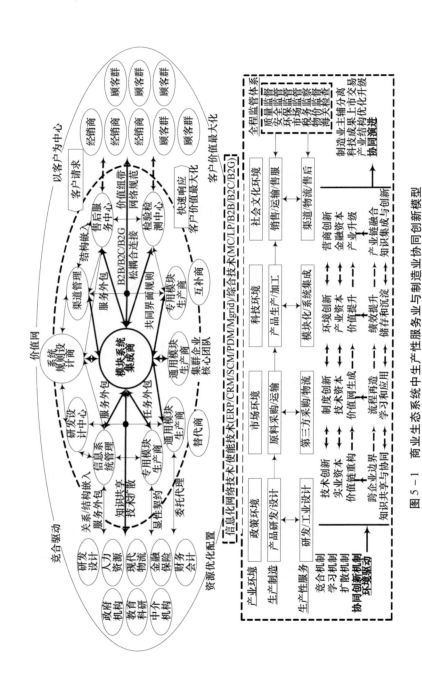

图 5-1 商业生态系统中生产性服务业与制造业协同创新模型

说明：ERP（企业资源计划）/CRM（客户关系管理）/SCM（供应链管理）/PDM（产品数据管理）/Mgrid（制造网格）；MC（大批量定制）/LP（精益生产）/电子商务 B2B（企业—企业）/B2C（企业—顾客）/B2G（企业—政府）。

第六章

从传统制造走向先进制造

近年，关于中国传统制造业转型升级以及先进制造业发展的理论探讨，大多集中于产业、企业层面。从产业角度看，如何将传统产业改造和战略新兴产业发展结合起来，有选择地加大对传统产业技改政策的支持力度；在深化市场改革条件下如何消除传统产业转型升级中存在的体制、机制障碍；分析东部地区在承接生产性服务业和先进制造业跨国转移的过程中，如何打造先进制造业基地；探讨制造业服务化发展与服务型制造新模式；针对性地提出中小企业集群转型升级的路径或模式；研究欧美"再工业化"过程对中国传统制造业的影响及对策。在企业层次上，着重探讨传统制造企业如何实现向价值链高端升级；提出传统企业从 OEM 到 ODM、OBM 升级的路径选择；对全球价值网体系下传统企业转型升级的策略研究；构建企业先进制造模式的理论与实践探讨等。

第一节　研究综述

首先，是切入产业企业转型升级路径的研究。较早如汪建成等（2008）在引入企业案例研究的基础上，归纳了格兰仕升级路径为"技术引进—消化吸收—自主开发"的创新路径以及从 OEM 到 OEM／ODM 并存再到 OEM／ODM／OBM 并存的国际化路径。杨桂菊（2010）基于案例分析，将代工企业转型升级的路径大致概括为：在"核心能力"升级基础上，扩展其"价值链活动"范围。毛蕴诗等（2011）总结出了台湾自行车产业整体升级的基本经验和关键策略。黄穗光（2015）结合了广东汕头传统产业转型升级的典型情况，提出附加值和品牌、电子商务带动、政府政策和培育行业龙头企业等发展路径。

其次，基于价值链或价值网分析的视角。Gereffi（2005）认为后进国家的产业升级是由领袖企业主导的全球价值链学习过程，在此过程中企业从事高附加值、高技术含量的资本和技术密集型活动的能力得以不断增强。刘明宇等（2012）依据价值网络分工深化模型，分析了华为通过价值链、供应链、产业链重组，构建自主发展型价值网络，并与产品升级相协同，从而实现国际化。宗文（2011）认为价值网上的企业成长路径为：从各区段低端的模块供应商向模块系统集成商再向系统规则设计商的纵向转型升级。李放等（2011）总结了华为构建其先进制造模式的路径为：以产品开发为龙头，实施集成产品开发流程体系、价值链模块化，最终构建面向全球的模块化价值网。孙华平等（2012）以浙江绍兴纺织业集群为例，探讨了在全球价值网视角下促进传统纺织产业集群升级的对策。陈占夺等（2013）以振华重工（国企）和春和集团（民企）为研究对象，提出了复杂产品系统企业竞争优势来源的价值网理论框架。丁雪和张骁（2017）结合价值链"微笑曲线"和产业转型理论，提出了"价值链升级"概念。

最后，相关对策性研究。如于波等（2011）基于战略分析，将先进制造业大致区分为以信息技术等支撑的新兴产业和先进技术化的传统制造业两个产业层次。国务院发展研究中心课题组（2013）探讨了发达国家制定实施再制造业化战略对中国制造业转型升级的影响。纪峰（2017）通过对全球制造业发展趋势分析，指出中国制造业在劳动力成本、制度性成本、税费成本、汇率成本、资源成本等方面比较优势逐渐丧失。基于政府、制造业两个主体维度，从供给侧结构性改革视角提出传统制造业转型升级的五大对策，包括降低制度性成本，理顺市场价格传导关系；规范地方政府行为，发挥市场配置资源作用；厘清政府与企业关系，降低企业负担；加大创新投入，转变传统制造业发展方式；改善供给结构，提高制造业发展水平。杨水利和张仁丹（2017）对传统制造业通过智能制造进行转型升级的案例分析，提出装备制造业通过智能制造进行转型升级的相关策略。吴国锋等（2016）基于对广东中山五金企业的研究认为，大型企业对转型升级的紧迫感与压力感次于中小企业，小微企业比中型企业对转型升级的积极性要高；多数企业转型升级以科技创新为主导，着力于改进技术水平，实现产品升级和附加值提升；五金企业转型升级面临高技术创新人才和高管人才匮乏、融资困难、市场风险大、企业家信心不足等问题的困扰。宋歌（2017）指出河南传统制造业应以产业产品的高端化与终端化、制造模式服务化与网络化、生产工艺智能化与绿色化、优势企业平台化与国际化为方向，加快转型升级步伐，推动先进制造业强省战略。陈国华等（2017）从供给侧改革视角对江苏传统制造业的转型升级作了研究，认为传统制造业向战略新兴产业转型，促进技术结构、生产方式和组织结构升级，实际成为提升全省传统制造业竞争力的迫切需求。

现有研究的不足：一是理论上尚不能真正破解在全球价值网络中被低端锁定的中国传统制造企业转型升级进程中再次陷

入"被俘"的难题；二是传统制造业向先进制造业生态体系跃迁仍缺乏清晰且可参照的技术路线图乃至可操作的整体解决方案。

第二节　传统制造企业向先进制造企业转型升级路径

在产业模块化背景下，多数传统制造企业仍然处在价值网低层的模块供应商位置。品牌核心企业（系统规则设计商）对模块供应商进行价值网低端锁定，显然是为获取长期网络租金中的高额知识垄断租金，进而约束和限制了模块供应商的知识创造与能力提升，迫使其长期居于价值网的低层位置。对于模块供应商而言，不只是为了满足李嘉图租金和能力租金，并设法突破其被低端锁定，以期能够成长为有控制力的模块系统集成商或系统规则设计商，从而获得垄断性决策权和垄断租金。因此，处在价值网上企业成长的基本路径为：从各区段价值网低端的模块供应商向模块系统集成商再向系统规则设计商的纵向转型升级。一方面，因价值网具有的网状结构相对于价值链条的链状结构显得更为复杂和稳固，甚至难以模仿；另一方面，价值网升级的本质特征表现为创造新价值，并将其让渡于消费者，赢得关注和认可，从而获取更多的市场份额（宗文，2011）。

当模块供应商融入价值网后，虽然专业化程度得以提高，但受制于系统规则设计商和模块系统集成商所设定的约束机制，其自主性大为降低。多数传统制造企业的升级，实际是在"代工"所形成的信息不对称性中寻求突破，以获得长期发展。信息不对称性导致了利润不对称以及议价能力的缺失，但其带来的风险不对称或在一定程度上为传统制造企业提供了一种成长机会。因模块供应商不提供最终产品，无须直接面对市场，相对于集成商而言，虽然利润较低，但其获利能力稳定，而且不需要过多地考虑市场风险。作为模块供应商的传统制造企业若要突破或逃逸"被俘"的困境，首先是提升自身的核心能力，通过在标准化生产上进行创新，以增加自主性。企业完全可以在模块内有所创新，通过增加模块内的集成性，提高其他模块供应商进入价值网的壁垒，提升自身的不可模仿性和不可替代性；与此同时，在不违背系统设计规则的前提下，拓宽模块的界面标准，强化自身的网络接口适应能力，尽力摆脱单个价值网的束缚，在降低自身依赖性的基础上提高灵活性，将自身的核心能力嵌入多个价值网中，试图拓展获利范围。其次在获得一定自主性的同时，应进一步提升自身的议价能力，以期在最终产品的利润分割过程中拥有话语权。在夯实自身制造能力和模块产品质量基础上，自主选择参与一个或多个颇具市场竞争力的最终产品价值网，凭借消费者对最终产品的认可，强化自身模块产品的宣传推广，提升市场认可度和品牌美誉度。然后通过横向联盟或纵向兼并垄断，进一步加强其议价能力和巩固其市场地位，以及将驱动模块内部创新的隐性知识显性编码化，再利用其市场影响力吸引其他模块主动参与集成并适应开发新的市场架构，从而取代模块系统集成商，完成第一步转型升级。

第二步转型升级，即从模块系统集成商到系统规则设计商的转型升级，实际是一种规则的重新设计过程。相较于模块供应商与集成商彼此形成的竞合关系，集成商与规则设计商更多的属于一种合作关系，规则的制定是创造产品和获取利润的重要依据，模块的集成是最终产品和利润的实现过程。在现有的规则体系中，二者的合作机制已相当完善，只有在规则重构过程中，集成商才可能转型升级为规则设计商。在现有规则体系尚未打破的条件下，以及利润增长达到极限前，最终利润在集成商和规则设计商之间的分配机制呈现为某种博弈过程；当利润增长达到极限后，新规则的设计在集成商和规则设计商之间表现为某种竞争状态。在获取利润方面，由于集成商直接面对终端客户，掌握着整个价值网的利润实现环节，因而集成商和规则设计商之间的博弈，实际是在市场地位与技术地位之间展开的博弈，集成商可通过帮助低层的模块供应商掌握和普及技术，以降低规则设计商的技术地位，从而在最终利润分配中获取垄断租金。在此过程中，集成商不仅获取了高额利润，同时加快了现有规则的退市进程，为其自身向规则设计商的转型升级奠定基础。在新规则设计方面，通过突破创新以打破现有的设计规则，形成新的规则。相对于规则设计商，集成商与模块供应商之间的联系更为紧密，对产品的构建过程更加清楚，且能更快地了解模块供应商的模块创新过程，并结合自身的市场优势，以模块创新为突破口，对整个产品结构进行重新设计，制定符合市场需求的一整套新规则，进而实现向系统规则设计商的转型升级。

第三节　传统制造企业向先进制造企业生态体系跃迁的技术路线图

综上所述，置于商业生态系统框架下，可描绘出一个关于传统制造企业向先进制造企业生态体系跃迁的技术路线图（如图 6 –1 所示）。其战略价值主要体现在能够帮助我们破解传统制造企业向先进制造企业转型升级所面临的控制性障碍和难题，

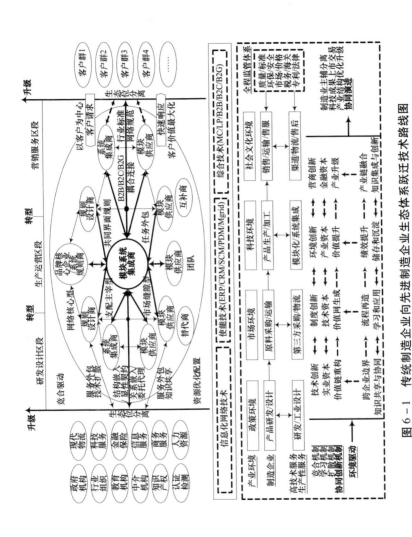

图 6-1 传统制造企业向先进制造企业生态体系迁移技术路线图

说明：ERP（企业资源计划）／CRM（客户关系管理）／SCM（供应链管理）／PDM（产品数据管理）／Mgrid（制造网格）；MC（大批量定制）／LP（精益生产）／电子商务 B2B（企业—企业）／B2C（企业—顾客）／B2G（企业—政府）。

为产业企业转型升级提供有效路径和运作模式。

第一，在系统规则设计商（多属于先进制造企业）、模块系统集成商、模块供应商（多属于传统制造企业）、生产性服务企业、政府、社会中介组织、客户及消费群体彼此结成的商业生态系统中，路线图能够帮助我们分析系统中价值创新机制与利润获取途径、组织结构与资本运作、核心能力与异质资源管理、技术创新与管理创新、服务创新及公共架构、知识产权及品牌战略等核心要素，继而揭示各主体间的复杂关系结构。

第二，路线图能够帮助我们研究传统制造企业在价值网中将如何实现从生产运营、研发设计、营销服务区段低端的模块供应商向模块系统集成商再向系统规则设计商的横向转型和纵向升级。一方面，处于全球价值网低端模块供应商位置的传统制造企业是如何突破"被俘"的困境，实施横向联盟或纵向兼并垄断，吸引其他模块参与集成并开发新的市场架构，从而取代集成商，实现第一步转型升级；另一方面，模块系统集成商是怎样通过帮助模块供应商掌握和普及技术，实施模块创新，制定市场新规则，实现向系统规则设计商的第二步转型升级。

第三，路线图能够帮助我们分析传统制造业低效的分工体系和交易效率对行业升级的制约因素，探讨如何打破生产性服务业与制造业供需低效平衡，构建生产性服务业促进传统制造业集群转型升级的支撑体系、运行机制和协同创新网络架构，进而实现传统制造业向先进制造业生态体系的跃迁。

制造业转型升级的目标预期是发展先进制造业。近年国家出台了一系列发展先进制造业的产业政策与规划，已取得了显著成效，但在企业实践中，也遇到了一些难题正在减缓其至阻碍了企业转型升级的进程。由于中国大多数传统制造企业并不掌握核心技术和核心能力，较少具有自主知识产权，创新能力明显不足，开发的产品大多为模仿型或改进型产品，因而被锁定在全球价值网络低端环节。虽然少数企业近年来一直致力于通过技术创新、市场拓展以及品牌运营等实现价值链条上的高端升级，却发现再次陷入了"被俘"境地。引入价值网模型能够有效破解传统制造企业转型升级中出现的难点问题，可为传统制造企业向先进制造企业转型升级提供路径选择及运作模式。

在产业模块化条件下，多数传统制造企业只是处在价值网低层的模块供应商位置，要走出"被俘"通道，必须首先提升自身的核心能力，在标准化生产上进行创新，增加自主性，增强议价能力，以及通过横向联盟或纵向兼并垄断，取代模块系统集成商，完成第一步的转型升级。第二步是从模块系统集成商到系统规则设计商的转型升级。集成商可通过帮助模块供应商掌握和普及技术，降低规则设计商的技术地位，以获取垄断租金，加速现有规则退市；进一步的，集成商通过模块创新，并以此为突破口，完成对整个产品结构的重新设计，并重新制定符合市场需求的新规则，从而实现向系统规则设计商的转型升级。

本章重点规划了一个关于传统制造业向先进制造业生态体系跃迁的技术路线图，将有助于破解中国传统制造企业向先进制造企业转型升级的难题，以及为产业企业转型升级提供了可行路径或参照模式。

第七章

从制造业服务化走向
云端创业生态圈

近年来，欧美发达经济体旨在通过"再工业化"以保持在全球价值链中的竞争优势和制造业先进地位，实现产业链的全面升级（赵刚，2010）。依据价值链"微笑曲线"分析，中国制造业多数处于微笑曲线的价值低端。发达国家具有自主知识产权，在微笑曲线的两端占有绝对优势，对于中间的加工环节，则向发展中国家和地区转移，导致了发展中国家有增长而无发展的结果（赵彦云等，2012）。微笑曲线基本反映了全球价值链的价值分布与权力分配的非均衡性，虽然对发展中国家陷入产业升级困境具有一定解释力，但也存在很大片面性（陈明森等，2012）。对于发展中国家的产业升级，不仅取决于全球价值链领导者的市场势力，很大程度上也取决于发展中国家本土企业及产业升级能力（Isaksen，Kalsaas，2009），二者博弈的结果将直接影响企业产业升级的长期预期。那么现实中，如何才能真正跨越所谓的"微笑曲线陷阱"，将"中国制造"提升为"中国智造"和"中国创造"，既是中国制造业全面转型升级的客观需要，也同时提供了一个重要的理论命题。

学术界就此命题展开了相关探讨。譬如：杨林和曾繁华

（2009）基于微笑曲线提出的制造业转型策略包括：处在价值链上游的研发创新可施以自主知识产权策略；中游则重在扩大比较优势策略；下游主要通过营销创新以实施自主品牌策略。毛蕴诗和郑奇志（2012）进一步提出了基于微笑曲线实现制造业企业升级的十条路径：产业市场再定位；全面替代跨国公司产品；促进产业融合；发展技术能力；生产服务延伸及增加附加值；降低成本和提升环保附加值；以战略联盟带动产业集群升级；统筹国内外市场与转变制造方式；企业产业重组并购；战略性品牌收购；等等。可以认为，将制造业服务化作为产业升级的起点，通过深入研究服务化的理论内涵、动力机制及其演化规律，就有可能找到适合于中国制造业升级发展的有效途径。鉴于此，本章基于服务化视角和创业逻辑，通过描述制造业服务化发展的基本轨迹和阶段特征，并引入大数据、云计算和云网络环境概念，尝试提出关于云端创业生态圈的概念范式，以求破解因价值链"微笑曲线"带入的理论难题。

第一节　服务化理论述评

学界关于制造业服务化问题的探讨，主要集中在以下几点。

一是服务化概念。Vandermerwe 和 Rada（1988）最早提出了服务化（servitization）一词。Reiskin（2000）将制造业服务化概念定义为：制造企业从以生产产品为中心向以提供服务为中心转变。Szalavetz（2003）以第三产业化（tertiarization）来描述制造业服务化。刘继国和李江帆（2007）将制造业服务化区分为两种状态：作为制造业投入的服务，即为投入服务化；作为制造业产出的服务，即产出服务化。

二是服务化动因。一方面是改善企业环境绩效。White（1999）认为制造业服务化可改进企业产品的环境性能和提高环境收益。Fishbein 等（2000）强调在服务化模式下能够鼓励制造商增加对耐用设备和物品的生产，有助于改变以环境恶化为代价的生产模式。另一方面，是顾客需求驱动。Oliva 和 Kallenberg（2003）指出制造业企业把服务整合到其核心产品中的理由是，服务通常比物品有更高的利润，可提供更为稳定的收益来源。Colen 和 Lambrecht（2010）进一步指出，服务化很大程度上受顾客需求的驱动，通过提供"物品—服务包"，有助于满足顾客需求。

三是服务化战略与绩效。Neely（2008）首次运用实证方法探讨了制造业服务化与制造业企业经营绩效的关系，发现服务化企业的盈利性整体上优于纯制造企业。刘继国（2008）对制造业投入服务化战略的影响因素及其绩效作了研究，指出投入服务化有助于提升企业的创新能力和生产效率。

四是服务化模式。陈信宏等（2008）提出了制造业服务化的三种模式：产品延伸服务、产品功能性服务和整合性解决方案。安筱鹏（2010）则提出四种典型的服务化模式：基于产品效能提升的增值服务、基于产品交易便捷的增值服务、基于产品整合的增值服务、基于需求的服务。Kindstrom（2010）指出服务化商业模式的关键影响因素包括：新的价值主张、收益机制、价值链、价值网络、竞争战略和目标市场。

五是服务化策略。Gebauer（2008）认为制造业服务化有四种策略：售后服务提供者（ASPs），主要关注服务的成本领先以及保证服务产品满足顾客需要的特定功能；顾客支持提供者（CSPs），通过对某服务产品的投资和服务的足够差异化向市场提出价值主张；外包合作伙伴（OPs），结合服务的成本领先和差异化向顾客提供具有很强价格吸引力的操作性外包服务；发展合作伙伴（DPs），向顾客提供 R&D 等服务以使顾客从企业的发展能力中获益。Tan 等（2010）归纳了制造企业服务化的两种策略：建立在产品和技术基础上，从产品导向发展为服务导向；建立在顾客和顾客活动基础上，以服务导向的概念发展到产品导向进而提供产品和服务。

六是服务化实现途径。杜博（2010）认为制造业服务化首先要构建服务化网络，识别企业核心竞争力，将非核心业务外包，并通过转变销售方式、整合客户信息资源、构建面向客户的知识管理系统和服务质量评价监督体系等方面来达成。服务化前后出现的企业价值链变化：价值链构成要素由单个企业的内部扩展到企业外部、价值链向价值网转变、价值链节点向价值链模块转变。简兆权和伍卓深（2011）提出制造业服务化发展的三阶段：下游产业链服务化和上游产业链服务化是初级阶段，上下游产业链服务化为高级阶段，完全去制造化是最高级阶段，是指制造业企业完全退出低附加值的制造领域，只从事附加值相对高的上下游产业链服务环节。此外，产品服务系统（PSS）作为制造业产出服务化的重要方式，可实现由产品导向 PSS 到应用导向 PSS 再到效用导向 PSS 的依次升级。

七是服务化实施。黄群慧和贺俊（2012）认为通过构建行业性、区域性、产业链协同等公共服务平台，可提供工业设计、在线管理、电子商务和信息情报等服务；将 IT 技术融入研发设计、生产制造和经营管理等各个环节和产品性能之中，可实现数字化制造、人工智能、工业机器人以及增量制造。另外，黄群慧和霍景东（2013）强调服务化实施的重点应集中在工程总承包、系统集成、提供整体解决方案、供应链管理优化、融资租赁、再制造和增值服务等领域，一些潜力行业或重点领域可先行导入服务化战略，如装备制造、家电制造、电子消费品制造和服装家具制造等行业。其中，装备制造业服务化的路径有三：一是发展融资租赁服务，可依托企业自身优势，并联合金融服务机构，共同提供专业化的工程机械融资、租赁等服务；二是提供整体解决方案，包括提供自产主体设备、成套设备和工程承包等，也可提供专业化远程设备状态管理服务；三是开展供应链管理服务。

第二节　制造业服务化发展的阶段分析

一　服务型制造模式

服务化既是全球制造业发展的大趋势，也是产业升级的必由之路。制造业服务化是在产业内部自发演化出服务业务的过程，在此过程中由仅仅提供产品或产品与附加服务向"产品—服务包"转变。完整的"包"（bundles）包括产品、服务、支持、自我服务和知识，服务在整个"包"中居于主导地位，是增加值的主要来源（Visnjic，2012）。从相关概念的演化来看，在"新制造业"概念（Druker，1990）提出之后，"基于服务的制造"（Chase et al.，1992）、"服务导向型制造"（Fry et al.，1994）、"服务增强型制造业"（Berger & Lester，1997）、"产品服务系统"（Goedkoop et al.，1999）等类似概念也相继出现，或强调了制造的起点是服务（Panchak，1998），或提出以服务为基础的企业概念（Quinn，2002），但本质是提供"产品—服务包"（Brian，2008）。对上述概念归纳的同时，孙林岩

（2007）提出了"服务型制造"的概念，实际是在生产性服务（面向服务的制造）和服务性生产（面向制造的服务）基础上加入了顾客的全程参与，即顾客参与制造，以及为顾客提供个性化的广义产品（产品＋服务）。随着云制造概念及应用逐步成型，势必将制造业服务化发展推向一个新的阶段。

二　云制造模式

对制造业而言，服务计算（service computing）提供了一个具有集成、开放、虚拟和自主特征的基础设施，并提供按需制造的服务。相应地，企业云（enterprise cloud）是指一个互相关联的计算节点集合，根据终端用户的可用性、能力、性能以及服务质量要求，动态提供虚拟化计算机和软件服务（Rajiv，Rajkumar，2009）。基于上述概念的拓展提升，李伯虎等（2010）提出了云制造（cloud manufacturing）理念，即一种利用网络和云制造服务平台，按客户需求组织网上制造资源（制造云），能够为客户提供各种按需制造服务的新制造模式。其进一步解析是，一种面向服务、高效低耗和基于知识的网络化、敏捷化制造新模式和技术手段，可有效促进制造的敏捷化、服务化、绿色化和智能化。对云制造的现有文献归纳，大致有三个层次：一是概念与系统架构，或形成了多种视角。如基于服务视角，将云制造视为一种基于网络、面向服务的智慧化制造新模式（李伯虎等，2012）；基于融合视角，提出将云计算技术和云制造业务融合的生产版本（Xu Xun，2012）；基于环保视角，认为云服务的解决方案是实现网络绿色制造（Zhao Rongyong et al.，2012）。二是关键技术。主要通过技术融合并系统嵌入先进的网络应用共性技术（Yuan Jun et al.，2012），包括物联化、虚拟化、服务化、智能化等关键技术和云安全技术，以系统构造云平台技术架构。三是云平台应用及运营模式。包括开发面向不同制造领域的应用模式、服务平台及实施策略，建立云平台运营成本控制模型和信用评价体系等。可以说，云制造模式尚不成熟，其理论和应用仍处于构建和完善之中，但作为一种新的制造理念，其本身便赋予了重要创新内涵和研究价值。

三　云端创业生态圈概念

在此，我们初步提出关于云端创业生态圈的概念，即一个面向制造业全领域、全业态并提供制造全生命周期云服务的云端创业共享范式；是以大数据、云计算和云网络为环境支撑，以最优复杂性云平台组织为组织模式，以云生态价值导航来规划云平台服务战略及最优目标模式，以云平台创业驱动云协同创新、云生态价值创造和云端多主体创业共享，以及基于云计算服务平台、云制造服务平台和云商务服务平台的一体化应用集成，从而满足云平台工具整合及操作模式；核心是驱动"云提供端—云平台—云需求端"创业循环，实现基于全面云服务与云端创业共享统一的生态范式。

四　制造业服务化发展的阶段特征

图 7 – 1 将制造业服务化发展大致划分为五个阶段。

1. 中介服务阶段（1990—1999 年）：如果以制造业和服务业初始融合为起点，典型的是生产性服务业的兴起，带动了制造业中介服务市场发展，提升了面向服务的制造方式，促使制造业的价值链向两端延长，以获得价值链竞争力。

2. 制造服务阶段（2000—2005 年）：在专业化驱使下，服务性生产提升了面向制造的服务模式，即一种强化制造业服务

阶段性特征	中介服务阶段 （1990-1999）	制造服务阶段 （2000-2005）	定制化服务阶段 （2006年之后）	云制造服务阶段 （2010年初端）	云端创业服务阶段 （未来图景）
制造模式	面向服务的制造	面向制造的服务	服务型制造	云制造	云端创业生态圈
服务方式	生产性服务	服务性生产	个性化服务	云计算服务	云端创业共享服务
服务全面	中介服务市场	订单服务	顾客全程参与	云制造服务平台	云端创业生态循环
服务提供	提供中间服务	提供外包服务	提供产品+服务	提供按需的服务	云端创业即即服务
服务价值	延长价值链	专业与增值服务	体验式过程服务	即插即用绿色服务	全时全能云端服务
竞争优势	提升价值链竞争力	提升供应链竞争力	提升价值网竞争力	提升云平台竞争力	提升云端创业竞争力

图7-1　制造业服务化发展的逻辑进程

内涵的生产模式，或基于供应链的制造服务外包（OEM/ ODM/ OBM），可实现供应链优势。

3. 定制化服务阶段（2006 年之后）：因为面向服务的制造抑或面向制造的服务都无法回避的一个共同问题是，如何面向最终顾客的服务？而服务型制造可满足顾客参与制造的全过程，基于顾客体验并为其提供个性化产品＋服务，这种定制化服务是引入了价值网模式，也具有了价值网优势。

4. 云制造服务阶段（2010 年初端）：云制造充分融合了信息化制造技术及云计算、物联网和智能技术，是一种面向服务和基于知识的网络化、敏捷化制造新模式，能够促进制造的敏捷化、服务化、绿色化和智能化，满足多主体按需获得制造能力，以及通过云制造服务平台，为用户提供"即插即用"和按需的服务，因而具有云平台优势。

5. 云端创业服务阶段（未来图景）：云端创业生态圈只是概念范式，即一个集云计算服务、云制造服务和云商务服务于一体的应用集成平台范式，实质是面向制造业全领域、全业态并提供制造全生命周期云服务的云端创业共享范式，能够提供包括制造即服务（MaaS）、平台即服务（PaaS）、绿色低碳即服务（GaaS）、云端创业即服务（CaeaaS）等多种云服务模式，通过核心驱动云端创业生态循环来满足全时、全能云端创业服务与生态共享，实现的是云端创业生态竞争力。

第三节　云端创业生态圈的概念规划

一　对云端创业生态圈一般概念的界定

云端创业生态圈并非一个由创业、平台和生态系统简单叠加的概念，而是一个基于最优复杂性的云平台组织、云平台服务战略、云生态价值体系和云平台工具体系整合提升的全新概念。在云端创业生态圈概念的形成过程中，其隐含的假设有：

H1：云端创业生态圈具备大数据条件下的云生态环境特征；

H2：云端创业生态圈具有最优云平台组织的结构表征；

H3：云端创业生态圈满足于云平台技术模式、全面云服务模式和云端创业共享目标模式的体系架构；

H4：云端创业生态圈是以云端创业生态循环为核心驱动力；

H5：云端创业生态圈是一个包含了云生态价值范式、云平台组织范式、云平台服务范式和云平台工具范式统一的全面范式；

H6：云端创业生态圈是关于新一代先进制造业的一个映射。

基于上述假设，可初步提出云端创业生态圈的一般概念，即一个面向制造业全领域、全业态并提供制造全生命周期云服务的云端创业共享范式。是以大数据、云计算和云网络为环境支撑，以最优复杂性的云平台组织为组织范式，以云生态价值导航来规划云平台服务战略及最优目标范式，以云平台创业驱动云协同创业创新、云生态价值创造和云端多主体创业共享，以及基于云计算服务平台、云制造服务平台和云商务服务平台的一体化应用集成，从而满足云平台工具整合及操作范式。

二 云端创业生态圈的多主体关系结构

云端创业生态圈的参与者主体有三个层次（如图 7 - 2 所示）：云平台企业作为核心企业，是云平台提供者和运营商；云提供端企业通过接入云平台，并提供云服务；云需求端企业则通过对云平台请求，以获得云服务。可见，云平台实际是连接在云提供端与云需求端之间的一种云端中介服务平台，能够有效促成制造资源和能力的云端交易，并实际具有了提供云端交易服务的市场功能。在云端创业生态圈的系统运行中，云平台核心企业既是平台开发、运营与管理者，同时又是云端创业发动者和开创者，并为云端创业实践提供了至关重要的创业平台、创业环境和创业者进入的先决条件；云提供端企业被视为云端创业过程中的重要参与者和行动者，完全是通过云平台并提供云服务来参与整个创业过程，在此过程中则往往与其他多个创业者来协同提供云服务，以及通过这种协同创业行动以持

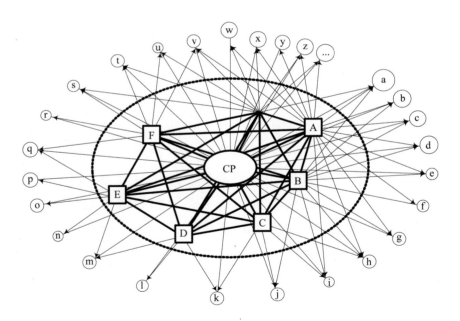

图7-2 云端创业生态圈的多主体关系结构

说明：CP表示为云平台企业；A、B、…分别为云提供端企业；a、b、…分别为云需求端企业。

续获得最佳创业绩效；而为数众多的云需求端企业不仅获得了云服务，还实际参与了整个创业过程，同时分享了创业成果。

确立云端创业的多主体关系结构，实际是以云平台为核心机制和创业载体，以全面云服务提供为主要内容，并以云端创业最佳绩效为目标模式，通过持续驱动"云提供端—云平台—云需求端"创业生态循环，实现包括云协同创业创新共享、云生态价值创造共享以及云端多主体创业共享等多元共享模式。

三　云端创业生态圈的范式规划

云端创业生态圈的整体概念及其范式表达，是基于云生态价值范式、云平台组织范式、云平台服务范式、云平台工具范式等一系列概念范式整合统一的全面范式。表7-1就云端创业生态圈的概念范式及规划要义作了简单描述。

1. 云生态价值范式。即一个最优目标范式，旨在实现云协同创新即共享（CciaaS）、云生态价值创造即共享（CevaaS）、云端多主体创业即共享（CaeaaS）等多元共享模式，包括以云协同创新平台来驱动学习、知识与价值共创，在"竞合"机制下可有效获得云端企业核心能力共享，以及在云生态动态平衡中充分满足云平台核心企业愿景共享。其价值支撑的三个层次：一是规划形成多层次、跨领域和全方位云平台服务战略体系，开发最优战略目标和最佳实施方案，满足云平台使能服务模式下的全面价值共创与创业共享；二是建立运行以云平台为依托的云协同创新模式，云平台既是一个基于技术、知识、价值和服务协同的可持续创新平台，又是一个能够不断促进协同创新成果实现其快速服务转化的应用推广平台；

三是构建企业级的云生态战略匹配体系，操作上提供了一个类似于企业战略选择的适配器，包括满足系统中各类企业角色与战略匹配。

表 7 – 1　　　　　云端创业生态圈的概念范式及规划要义

概念范式及要素		规划要义
云生态价值范式	云平台服务战略	云端多主体创业即共享（CaeaaS）：竞争性合作、多主体共赢、共同创业愿景 云生态价值创造即共享（CevaaS）：生态价值、创业绩效、可持续能力 云协同创新即共享（CciaaS）：技术创新、知识创新、成果转化 共享目标：云端企业核心能力、云端创业成果与业绩、云平台核心企业愿景
	云协同创新平台	技术创新：将云计算、物联网、智能化等使能技术与先进制造技术融合创新 知识创新：协同知识挖掘、协同知识创造、协同知识利用、协同知识共享 成果转化：基于云平台实现协同创新成果的快速服务转化与共享
	云生态战略匹配	云平台核心企业：主导云平台开发与运营，战略驱动云生态价值创造与云提供端企业：以协同提供按需服务为战略目标，实现云协同创新与共享 云需求端企业：选择专业化或差异化战略，共享云平台服务
云平台组织范式	最优云平台组织	最优组织结构：动态自组织、自适应与自我进化，快速自学习、协同创新共享 最优组织目标：最优复杂性云平台组织结构，最佳协同创业绩效与共享
	创业组织协同	协同创业：创业理念一致、创业目标一致、创业行动一致、协同创业成果共享 开放平台：动态开放系统平台、异构资源集成平台、可互操作服务平台
	最佳创业绩效	最佳绩效规划：最佳创业绩效动态实现、最佳创业绩效全面共享实现 最佳绩效管理：最佳创业绩效过程管理、创业绩效动态评估与实时监控

概念范式及要素		规划要义
云平台 服务范式	云平台服务理念	制造即服务（MaaS）：制造资源虚拟化、制造能力服务化、制造与服务一体化 平台即服务（PaaS）：基于"制造 + 服务"提升"云制造 + 云平台 + 云服务" 云端创业即服务（CaeaaS）：基于云平台服务实现"云端创业 + 云端共享"
	云平台服务目标	提供全生命周期制造服务：支持全时全能与制造全生命周期云服务模式 提供按需的服务：支持多主体协同完成全程制造并按需获得制造能力 提供"即插即用"服务：快速需求响应机制、快速提供按需的服务机制 提供绿色低碳服务：敏捷虚拟制造、绿色制造、制造资源和能力最优配置
云平台 工具范式	云计算服务平台	服务模式：软件即服务（SaaS）、平台即服务（PaaS）、设备即服务（IaaS）
	云制造服务平台	设计即服务（DaaS）：将 CAD 功能封装为云服务提供，虚拟机服务辅助计算 生产加工即服务（FaaS）：按需求快速构建虚拟生产单元，辅助生产加工管理 实验即服务（EaaS）：建立虚拟实验室用于实验分析，进行产品实验评估 仿真即服务（SimaaS）：提供协同仿真环境和云仿真服务，封装仿真虚拟机 经营管理即服务（OmaaS）：支持企业各种业务管理，定制个性化业务流程 集成即服务（InaaS）：支持异构系统以"即插即用"方式智能接入云平台
	云商务服务平台	B2B 即服务（B2BaaS）：企业—企业间电子商务模式 B2C 即服务（B2CaaS）：企业—客户间电子商务模式 C2C 即服务（C2CaaS）：客户—客户间电子商务模式 B2B2C 即服务（B2B2CaaS）：企业—企业—客户间电子商务模式 O2O 即服务（O2OaaS）：在线离线（线上线下）电子商务模式 移动商务即服务（MbaaS）：移动商务服务模式

2. 云平台组织范式。在于为云生态价值范式与云平台工具范式的整合统一提供机制和组织支撑，以及从组织形态上提供了一个面向云平台服务与共创的动态云网络架构。进一步说，

最优复杂性云平台组织能够为云平台体系构建提供最优组织结构和组织目标以及最佳创业绩效模式。

3. 云平台服务范式。旨在实现全时全能与全生命周期制造服务，包括满足全面云服务能力和云平台服务功能的云生态构建，实现制造即服务（MaaS）、平台即服务（PaaS）、云端创业即服务（CaeaaS）等模式，并提供"即插即用"与按需的服务和绿色低碳服务，以及提供云平台服务战略的最优目标模式和最佳实践载体。具体上，通过整合实现基于云计算服务、云制造服务和云商务服务的全面协同服务与共享，可进一步获得云平台运行的最佳服务绩效。

4. 云平台工具范式。系统融合了云计算技术、云商务技术和多种先进制造技术，实现基于云计算服务平台、云制造服务平台和云商务服务平台的一体化应用集成，基于服务计算实现服务化技术范式，基于工具整合实现云平台工具范式，以及通过云平台门户、云商务界面平台和云客户端交互连接，从操作上满足基于交互界面的实时共享范式，以共享虚拟化制造资源和服务化能力资源，以及接入云平台可互操作的各种信息化数据资源。

四 云端创业生态圈共享模型

从云端创业生态圈的核心概念及其内在逻辑出发，图 7 - 3 构建了一个共享模型。是以云平台为轴心，通过对云计算服务平台、云制造服务平台、云商务服务平台和云生态共享平台的体系功能整合，并确立其核心主轴结构；以平台关键构件为支撑，基于云平台服务战略体系、云平台关键技术体系、云平台服务能力与服务功能体系以及云平台组织运行体系来提供其关键构件；以云平台应用集成为主要手段，促使云平台技术体系

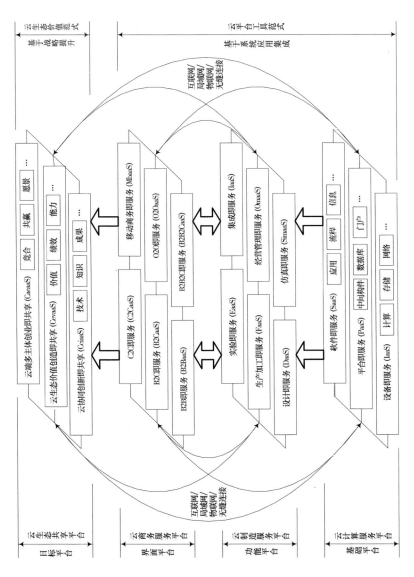

图 7 - 3　云端创业生态圈共享模型

与应用操作体系的一体化整合，实现云平台工具范式；相应的，通过规划形成云生态价值范式与云平台工具范式融合统一的目标范式，旨在全面达成基于云平台组织范式与云平台服务范式协同一体化的组织管理及运行范式，进而整体实现云生态价值范式与云平台工具范式统一的体系结构。这种体系结构更能满足动态开放平台以及云端创业生态圈运行的共享架构，从而在持续获得最优服务绩效和最佳创业绩效的同时，不断达成全面价值共创目标。

    具体说，云端创业生态圈是一个建立在云平台、云服务、云网络和云端创业之上的多级、多元平台体系。处在底层的基础平台即为云计算服务平台，其中基于设备即服务（IaaS）模式，可实现服务计算、大数据存储、网络环境构建管理等基础设施服务功能；平台即服务（PaaS）模式提供了用于网络连接的平台组件和各类中间件，主要实现数据库管理和平台门户管理等系统平台服务功能；软件即服务（SaaS）模式则是一种基于软件服务的应用模式，可支持业务流程重组与优化管理以及基于互联网信息化管理等网络应用服务功能。在基础平台之上的是构建功能平台，即云制造服务平台，作为一个服务提供的核心工具平台，可提供基于服务流程管理和制造全生命周期管理所需的各种服务能力与服务功能。介于功能平台与顶层目标平台之间的是界面平台，实际起着重要的界面连接作用，而云商务服务平台恰恰提供了多重商务模式下的多层次界面平台功能。需要指出，操作上可通过云平台门户界面、云商务服务平台的多级界面以及多种云用户端界面的交互连接，实现基于交互界面以及在线、离线状态下的实时共享。处于顶层的目标平台即云生态共享平台，在于提供最优生态价值模式和最佳共享目标模式，在云协同创新即共享（CciaaS）模式下可最优实现协同技术创新、协同知识创新、协同创新成果快速转化与共享；在云生态价值创造即共享（CevaaS）模式下可最优实现云生态价值创造、云端创业绩效、可持续云服务与创业能力共享；在云端多主体创业即共享（CaeaaS）模式下则可最优实现云端企业核心能力共享、云端创业成果与业绩共享、云平台核心企业愿景共享等多元价值共创、共享。

第四节　制造业云生态体系规划

制造业云生态体系规划是一种多级多元平台范式，基于云计算、云制造和云商务平台的一体化应用集成，用以提供其工具范式。其中，云制造平台作为制造业云生态体系构建的核心工具平台，以及在提供云服务过程中满足了制造资源及能力交易的基本平台功能。或者说，制造业云生态体系是拓展延伸了现有的云制造概念，以及在强调共创意义上提升了云端创业生态圈概念，这种将制造能力交易的市场行为，可视为一个关于云生态价值创造与云端创业共享的持续进程，实际是促进了云制造工具性理念向价值性延展的重要方面。

一　制造业云生态体系的操作范式

制造业云生态体系的操作范式（如图 7 - 4 所示），其构成包括五个依次递进的共享模块：共享云技术模块是基于应用集成即共享，实现云平台核心技术共享；共享云资源模块则基于虚拟资源和能力即共享，实现制造云资源共享；共享云服务模块是以提供按需的服务即共享，实现制造云服务共享；共享云界面模块则以云端交互界面即共享，实现基于云界面的实时共享；云共享目标模块可支持全面云共享模式，实现的是云协同

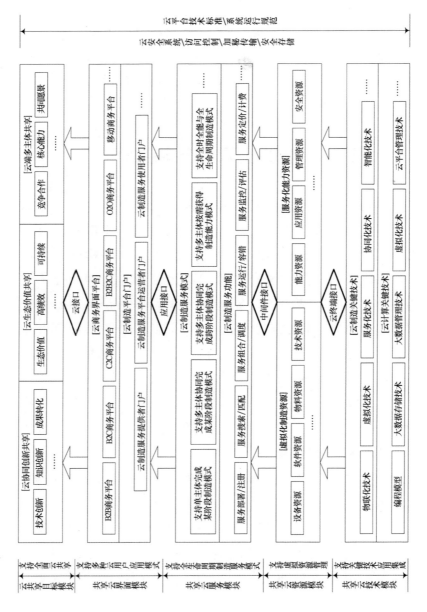

图 7-4 制造业云生态体系的操作范式

创新共享、云生态价值共享和云端多主体共享。

1. 共享云技术模块。此模块在于为共享关键技术提供支撑，主要支持云平台关键技术应用集成与共享模式，包括云计算平台和云制造平台共有的关键技术（见表7－2），是以云计算关键技术为基础，充分融合了云计算使能服务技术、物联网使能技术和信息物理系统（CPS）的最新技术，系统嵌入了服务计算技术、集成化技术、协同化技术和智能化技术等提供的使能技术，以及引入多种先进的信息化网络化制造技术，基于应用集成即共享的体系架构，可实现以云平台关键技术为支撑的共享云技术模块。

采用技术融合与系统嵌入使能技术的方式，可有效满足共享云技术模块的多层次共享模式。一是通过融合物联网技术、云终端服务虚拟化技术、云计算互接入技术和信息物理系统的新技术，形成制造资源和能力的云端化技术，实现物联化资源和能力，提升云物联模式下的资源和能力共享；二是基于云计算虚拟化技术提供的"虚拟器件"模板及标准接口，满足制造资源和能力虚拟化，实现虚拟化资源和能力共享；三是在虚拟化基础上，通过系统嵌入服务计算技术，用于服务化封装和组合，基于按需动态架构可提供按需的服务，并支持互操作、任务协同、异构集成、快速需求响应和制造全生命周期服务，以及在资源和能力服务化实现的同时，达成服务共享目标；四是系统引入协同化技术，支持云服务模块动态实现全系统、全生命周期、全方位的互联互通与协同，通过虚拟化资源和能力的无缝集成与动态协同，进一步满足用户需求协同与共享机制；五是将知识及智能技术融入制造资源和能力的智能化过程，既支持制造全生命周期管理，也支持资源与能力服务全生命周期管理，由此实现制造全生命周期的智能化管理与共享模式。

表 7 - 2 　　　　　　　　　　云计算与云制造关键技术比较

平台	关键技术	主要特点
云计算	编程模型	分布式编程：并行运算、并行任务调度处理、MapReduce 编程模型
	大数据存储技术	分布式存储：Google-GFS、Hadoop-HDFS、Bigtable、Dynamo 存储系统
	大数据管理技术	如 Google-BT、Hadoop-HBase 技术
	虚拟化技术	支持资源分享、资源定制、细粒度资源管理、虚拟机快速部署、在线迁移
	平台管理技术	资源管理：副本管理、任务调度算法、任务容错机制 服务管理：QoS 保证机制、安全与隐私保护、资源监控、服务计费模型
云制造	物联化技术	支持海量感知数据采集、实时数据处理、分布式存储、智能挖掘
	虚拟化技术	虚拟资源与能力：虚拟器件模版、虚拟环境迁移、虚拟资源和能力模型 按需定制与部署：虚拟器件部署、目标物理器件激活、综合效能预测模型 管理：状态监控、快捷管理、优化调度、在线迁移、综合效能评价模型
	服务化技术	资源与能力服务：语义建模、基于语义的服务描述与发布 制造云池：分布式云存储、并行处理、智能聚类分类 服务发现与组合：智能匹配、优化组合、服务综合效能计算模型 服务交易管理：交易控制、计费结算、服务综合评估、可定制服务模式库
	协同化技术	多主体协作：任务分解、匹配资源与能力、优化组合、虚拟化系统敏捷重构 协同管理：资源与能力规范化、异构资源集成与互操作、可互操作服务接口 协同运行一致性：一致性维护、分布式同步机制与消息协议、协同并行处理 协同运行高可靠性：容错技术、动态迁移、在线迁移
	智能化技术	知识动态管理与集成：知识采集、知识建模与表达 基于多智能体的商业模式：多智能体技术、市场博弈机制 智能管理：智能供需匹配、智能化调度、智能化交易、智能化核算、智能化评估 终端用户：交互设备接入、个性化定制、人机交互、普适信息可视化

注：此表部分参考了李伯虎等（2012）所提供的观点。

2. 共享云资源模块。该模块可为共享虚拟化资源和服务化能力提供支持，一般涵盖了虚拟化制造资源和服务化能力资源两种形态（见表7－3）。通过嵌入式云终端技术、物联网技术等，将各类物理资源接入网络以实现全面互联，并为虚拟资源封装、调用提供了接口。所谓资源和能力虚拟化，实际是一种对资源和能力的逻辑和抽象化表示与管理方式，通过虚拟化可简化资源和能力的表示与访问，以便进行统一的优化管理，是实现资源和能力服务化与协同化的重要步骤。其中，虚拟化制造资源的对象包括用于制造的各种设备资源、计算系统硬件与软件资源以及相关技术资源等；服务化能力资源的对象是指制造全生命周期服务所需的各种能力资源，主要包括系统应用资源、业务流程管理与服务综合管理资源以及云安全资源等。共享云资源的主要目的是提供按需的服务，是通过对云资源与能力的按需聚合服务，实现分散资源与能力的集中使用；通过对云资源与能力的按需拆分服务，实现集中资源与能力的分散使用。以制造资源和能力的服务及其组合为基础构建的制造模式，一般具有标准化、松耦合、透明应用集成等特征，能够有效提高制造系统的开放性、互操作性、敏捷性和集成能力（李伯虎等，2012）。另外，该模块实现的主要功能包括云端接入、服务定义、虚拟化、服务发布管理、资源质量管理、资源定价与结算管理和资源分割管理等。

3. 云共享服务模块。这一模块主要为共享全面云服务提供了技术、管理和服务模式支持，其基于中间构件接口，主要实现云平台服务的各类功能，包括服务部署与注册、服务搜索与匹配、服务组合与调度、服务运行与容错、服务监控与评估以及服务定价与计费等一系列功能（李伯虎等，2010）。该模块是基于多种服务与管理技术并协同实现各种服务功能和模式，能够有效促成云端创业生态圈中共享服务的全过程。

关于共享云界面模块和云共享目标模块的相关内容，前文已作了描述，在此不再赘述。

表 7 – 3　　　　　　　　　　共享云资源模块的构成

资源形态	资源类型	资源分布
虚拟化制造资源	设备资源	制造设备：生产设备、加工中心、仿真设备、试验设备 计算设备：高性能计算机、服务器、存储器
	软件资源	数据库、知识库、模型库、用户信息库、应用软件
	物料资源	制造原材料、毛坯、半成品、中间产品
	技术资源	制造工艺、CAD/CAE/CAPP/CAM、经验模型、相关标准、产品知识库
服务化能力资源	能力资源	论证能力、设计能力、生产能力、仿真能力、实验能力、集成能力
	应用资源	应用集成、交互界面、多种用户模式、多重商务模式、多元共享模式
	管理资源	业务管理：业务流程管理、成本管理、信用管理、电子支付与结算管理 综合管理：云服务接入管理、云用户管理、服务组合与优化、任务管理
	安全资源	云平台安全、网络安全、安全认证、可信交易、可信制造

注：此表部分参考了李伯虎等（2010）所提供的观点。

二　产业应用及案例

云制造平台在具体开发和产业应用中所获得的成功示例，为制造业云生态体系走向应用提供了样本。无论是从理论还是产业现实角度，随着云制造平台开发的相关技术能力及措施趋于成熟，也显然强化了其应用推广的实践价值。

云制造平台有两类：一类是基于企业网构建的私有云制造平台，一般由集团企业内部来构建和管理运行，并为下属相关厂商、研究机构和企业提供服务，目的是对集团或企业内制造

资源和能力的整合与服务，优化资源和能力使用率，以降低成
本和提高竞争力；另一类是基于互联网和物联网搭建的公有云
制造平台，强调企业间制造资源和能力整合，提高全社会制造
资源和能力的使用率，并实现资源和能力交易。云制造平台的
开发利用，主要围绕私有云制造服务中心和公有云制造服务中
心的建立运营来展开。目前，云制造平台正快速走向开发应用
阶段，在复杂产品制造领域的应用需求显得尤为迫切，包括面
向集团企业、中小企业、区域经济体和产业集群等诸多领域以
及高新产业园区跨领域的开发项目也相继展开，在航空航天、
轨道交通、模具、服装、柔性材料等行业则进入了应用示范的
实践阶段。表 7 - 4 就云制造产业应用及典型案例作了简单
比较。

表 7 - 4　　　　　　　　云制造产业应用及典型案例比较

应用领域	服务模式	典型案例
大型集团企业	私有云制造模式：支持制造资源动态共享与协同，集团企业的制造资源包括设计分析软件、仿真试验环境、测试实验环境、各类加工设备、高性能计算设备、企业单元制造系统等	如航天科工集团、北车集团等建立私有云制造服务中心实体
中小企业	公有云制造模式：支持广域制造资源与能力交易，支持中小企业自主发布需求和供应信息，实现资源和能力交易以及多主体间业务协同，实现企业业务协作和产业集聚协作	如恩维协同的云管理（ERP）服务；东莞工研院的第三方公有云制造服务中心；世通科技基于云制造的刀具管理软件
跨区域及全球性	全球制造能力交易平台：全球制造业在线采购市场，实现企业间智能连接、联系、整合和知识产权保护，支持制造业所有业务需求	如美国 MFG 制造能力交易平台；欧盟 ManuCloud 项目，旨在提供可配置制造能力服务

制造业服务化发展的逻辑进程为：中介服务—制造服务—
定制化服务—云制造服务—云端创业服务。相应的，制造模式

及服务化业态的演化过程是：面向服务的制造（生产性服务业）—面向制造的服务（服务性生产）—服务型制造—云制造—云端创业生态圈。从制造业服务化发展规划意义上，云端创业生态圈只是作为一个概念范式的提出，实质是面向制造业全领域、全业态并提供制造全生命周期云服务的云端创业共享范式，核心是驱动"云提供端—云平台—云需求端"创业循环，实现基于全面云服务与云端创业共享的一个生态范式。这一概念范式的规划实现，旨在为制造业服务化发展提供一种逻辑导向和理论框架，或进一步描绘服务化发展的未来图景。

从一般创新意义上，理论确立云端创业生态圈概念及其规划框架，是对于现有云制造工具概念的价值性拓展，尤其强调在创业即共享模式下，将云平台服务拓展提升为云平台创业与共享层面，旨在满足更高层次的云端创业共享范式。换言之，即由单一云制造工具模式整合统一为云平台工具模式，从简单云制造服务模式整体升级为全面云服务模式，以及将制造资源和能力共享模式全面提升为云端创业共享生态体系，继而整体实现云端创业生态圈的规划目标和体系内涵。

可以预见，随着制造业云生态体系的理论成熟并全面走向产业化应用，势必带来制造业服务生态和创业环境的根本性改善，包括营造有利于云端创业的生态环境，促使由一般制造能力交易过渡到全面云服务提供，进而提升至云端创业共享的更高层面。更为重要的是，在云端创业生态圈概念导向下，有助于推动以产品制造为中心的低端业态向以服务能力和创业共享为标志的高端业态转变，甚至完全摆脱了依赖供应链管理的既有模式，转而纳入以云平台驱动云服务、云共享和云端创业环境管理新模式。这样一来，便从根本上破解了因全球价值链"微笑曲线"所带来的难题。

第八章

肇庆高新区制造业转型升级考察

肇庆高新区制造业转型升级实践在区域经济发展和产业转型升级比较中具有典型意义。肇庆高新区在发展初期只是一个传统制造企业相对集中的工业园区，相较于分布在珠三角地区的其他高新区或产业园区，其产业集聚效应和竞争优势均不明显，之后通过对园区未来发展的重新定位和战略布局的调整优化，确立以金属加工产业集群为重点打造核心产业，并着力推进由传统金属加工业向现代金属材料产业转型升级的发展通道。

第一节 肇庆高新区产业发展状况

肇庆高新区位于粤港澳大湾区西北部、广东省中部、珠江三角洲西北部、肇庆市最东部，处北江与绥江交汇处，东隔北江与佛山市三水区相望，西与四会市相邻。全区总面积98平方公里，是广东省重要的产业发展平台，是肇庆融入粤港澳大湾区、广佛肇清云经济圈、珠三角核心区的重要产业集聚区。近年来，通过创新体制机制和招商方式，以汽车零部件、金属材料、装备制造、电子信息、生物医药等产业为方向，加快园区产业更新，加快传统制造业向先进制造业转型升级，吸引先进制造企业进园集聚，产业发展取得重大突破。

第二节　肇庆高新区的区域竞争压力及
企业发展弱势

在广东省的高新区中，肇庆高新区土地要素资源排在前列，但相关指标总体上处于第三梯队，其资源优势尚未得到充分发挥，追赶超越依然面临着很大困难和挑战。高新区周边分布众多的同类开发区，诸如佛山高新区、清远燕湖新区、江门大广海新区等与肇庆高新区趋于同质化竞争，在产业选择方面有许多共同点，不少园区具有投资条件较好、投资环境更加成熟等优势，因而对肇庆高新区形成较大的竞争压力。

此外，肇庆高新区以传统制造业为主，龙头企业带动效应不强。在原有的四大主导产业中，除金属材料外，装备制造、电子信息、生物医药企业龙头带动力较弱，规模效益不明显，大型龙头企业大多产业链不长，对上下游形成的集聚和带动作用不强。现有大部分企业属于加工制造环节的中小企业，企业间的关联度不大，尚未形成真正的产业链和产业集群。新引进的项目多数为传统制造企业，投资规模不大，龙头效应欠缺。

第三节　肇庆高新区金属加工产业集群优势

近十年来，高新区作为产业转移工业园，由于拥有区位、交通优势，且紧靠广州、佛山、东莞等金属制品主要消费地区，园区金属制品业得到快速发展。园区在亚洲铝业集团、东洋铝业、新中亚铝业、华云铝业、达旺铝业、江南金工科技等龙头企业的带动下，引入了一批金属制品加工企业，形成了铝板带箔材、铝型材、铝制产品深加工及其他金属制品加工产业集群。

此外，随着高新区电热联产项目的建成投入使用，为金属制品业的能源使用升级提供了极大便利。

同时，高新区对周边地区产生明显的辐射带动作用，发挥了产业协作联动效应。高新区金属加工产业与肇庆四会金属再生资源产业、高要小五金制造产业之间，高新区汽车零部件产业与肇庆市直、四会、高要、端州、鼎湖的汽车零部件产业之间，形成了紧密的配套协作和产业联动效应，带动了周边地区相关产业协同发展。特别是高新区金属加工产业与四会的再生金属资源加工基地形成了上下游配套产业链，在园区周边形成一个年产值达1000亿元以上的金属加工产业集聚基地，带动数倍产值的相关产业聚集，吸引了大批相关上下游配套产业落户周边园区，初步形成了"龙头企业拉动、配套企业跟进、产业集聚发展"的格局。高新区由此被授予"国家火炬计划肇庆金属材料产业基地"称号，园区金属材料产业列入"广东省创新型产业集群试点"之一。截至目前，园区主导产业中，金属加工产业与省支柱产业对接最为紧密，在省内高新区中具有相对优势。

第四节　高新区金属材料产业转型升级发展路径及关键措施

一　金属材料产业重点应用领域

金属材料在交通运输、航空航天、管道运输等领域广泛应用。在交通运输领域：轨道列车用大型多孔异形空心铝合金型材，车辆用高品质铝合金车身板、型材及宽幅板材等；在航空航天领域：高强、高韧、高耐损伤容限铝合金厚、中、薄板，大规格锻件、型材，大型复杂结构铝材焊接件、铝锂合金、镁合金等；在管道运输领域：液化天然气储运用铝合金板材等重点产品。

二 金属材料产业发展路径

充分利用珠三角核心区创新资源的溢出效应和粤港澳大湾区的辐射作用，主动承接珠三角核心区及国内重点产区的产业转移。以国家金属材料产业基地为依托，在原有金属材料产业发展基础上，优化提升和大力发展金属新材料产业，培育产业链完整的金属新材料产业集群。

一是加快发展特种金属功能材料。优化提升铝银浆涂料产业，发展阻燃、保温等功能涂料，拓展铝银浆应用领域。大力引进一大批金属功能材料企业入驻，通过原始创新、集成创新和引进消化吸收再创新，加快开发金属功能材料产品，重点发展耐高温、耐腐蚀铝铁铬金属纤维多孔材料、热防护梯度功能材料等领域，力争在金属功能材料领域取得突破，打造金属功能材料生产基地。

二是重点发展高端金属结构材料。依托现有铝型材企业产业基础，以亚洲铝业集团、华云铝业、达旺铝业、江南金工科技等企业为龙头，瞄准国内市场和国际铝加工先进技术，加快技术改造和产品升级换代，不断拓展铝材应用领域，紧紧围绕新能源汽车、航空航天、轨道交通等高端装备制造领域，重点发展新型高性能铝合金、大型铝合金型材加工工艺及装备等，积极培育发展以镁合金、钛合金为代表的轻质合金材料，形成工业型材、航空航天、交通运输、电子电器、建筑装饰等领域用材制造基地。

三是优先发展太阳能材料。配合先进装备与新能源汽车整车制造，优先发展太阳能转化材料制造产业，打造为节能和新能源汽车制造基地。重点发展硅基薄膜太阳能电池关键设备、其他类型薄膜太阳能电池核心设备及中试线、高效晶体硅太阳能电池核心设备、太阳能光热发电核心设备、太阳能玻璃等新型材料。

四是支持骨干汽车零部件制造和轻量化材料制造企业快速发展。依托肇庆汽车零部件产业基础，围绕汽车整车生产项目发展上游关键零部件配套产业，支持汽车关键零部件研发。重点培育一批车用新材料等核心零部件领域具有较强研发生产能力的骨干企业。鼓励金属材料企业与汽车零部件生产企业组成产业技术创新联盟，拓展技术应用领域。

三　金属材料产业发展措施

首先是加快建设高新区金属材料科技园。该园位于北江大道以东、滨江路以西、工业大街以南，面积约 1500 亩，推进科技转化企业进园，重点发展金属新材料深加工等产业。

其次，以高新区现有布局的金属加工、铝基材料、工业型材，轨道交通、汽车制造、电子电器、通信科技等特种铝型材为基础，以百汇达材料产业园项目为带动，引进国内外知名的高性能复合金属材料研发机构。整合提升原有的"金属加工联合实验室""金属加工模具中心""金属材料加工继续教育学院"等服务平台，以及"亚洲雄略建材检测中心"等检验检测平台资源；重点谋划建设金属材料国家重点实验室，建设五个公共检测平台：材料性能检测平台、物理模拟系统平台、物质结构分析平台、材料制备与加工平台以及高性能计算模拟平台，为整个珠三角金属材料加工企业提供公共服务。

再次，深入推进"一区多园"战略，改善产业空间布局，在分园区中规划建设若干个金属材料产业园，与主园区的金属材料科技园产业链配套互动，形成金属材料产业网状布局、集群创新发展态势。同时加大金属材料产业链招商力度，面向全国和全球招商，着力引进具有一定科技含量、与产业发展方向相符的一大批大、中、小、微企业，快速形成产业集聚效应。

最后，建立完善的金属材料"研发＋生产＋检测＋销售＋金融＋服务"的完整产业链条，打造立足珠三角、面向全国的金属新材料产业基地。

四　金属材料产业与汽车零部件产业协同创新发展

1. 金属材料与汽车产业发展的协同效应

汽车产业的发展离不开金属材料产业的支撑。发达国家经验表明，汽车产业与金属材料制造业之间存在着相互作用、互为依赖、协同发展的共生关系。金属材料制造与汽车产业的共生合作不仅提升了汽车行业的生产效率、专业化水平和市场竞争力，反之也形成了对金属材料更高的要求，带动了金属材料产业的发展。

当前，汽车与金属材料二者发展的产业边界逐渐模糊，企业组织、产品特性等趋向融合，通过发挥各自产业优势并将两大产业优势逐步融合，最终能够释放出产业集群的整体协同效应。

2. 建立创新型产业集群

创新型产业集群可以理解为：以创新型企业和人才为主体，以知识或技术密集型产业和品牌产品为主要内容，以创新组织网络和商业模式等为依托，以有利于创新的制度和文化为环境的产业集群；它不仅存在于高新技术产业，也存在于传统产业；集群中的创新不仅包括产品创新、技术创新，还包括商业模式创新、渠道创新、品牌创新、网络创新。高新区需要探寻金属材料与汽车产业融合发展、协同创新的新思路、新方法，尽快形成"双轮驱动"的产业增长模式。为此提出以下几点建议。

一是设立"肇庆高新区金属材料与汽车产业协同创新发展引导基金"。成立专门领导小组，进一步修订《肇庆高新区金属制品产业扶优扶强暂行办法》，研究出台针对金属材料与汽车产业协同创新发展的专业化扶持政策，鼓励引导园区传统金属加工企业向汽车产业配套转型，鼓励金属材料企业与汽车企业在技术上密切配合，吸引国内外更多的金属新材料企业入驻高新区及周边区域，逐渐形成集聚效应。

二是完善高新区商业生态系统，实施汽车、先进装备制造、金属材料三大主导产业协同创新平台战略。高新区实施平台战略的精髓在于打造一个完善的、成长潜能强大的"生态圈"，它连接汽车、先进装备制造、金属材料和生产性服务业等行业群体，并打碎和重构既有的产业链，构建独树一帜的精密规范和机制系统，有效激励多方行业群体之间互动，实现多主体共赢，达成平台企业愿景。促进生产性服务业与三大主导产业互动融合、协同创新，是推动高新区产业结构调整、全面提升经济发展质量和水平的重要途径。肇庆高新区产业协同创新平台分析框架如图 8 - 1 所示。

三是加快建设"智慧高新区"。为了切实走"科技、金融、产业、城市"一体互动的新常态发展之路，高新区管委会应对"智慧高新区"建设给予高度重视。"智慧高新区"建设的核心是构建智慧型园区运行生态系统、园区产业生态体系和园区产业协同创新平台。为此，需要加快实施五项基础工程：物联感知工程、网络互通工程、数据中心工程、信息资源工程、安全防护工程。通过"智慧高新区"建设，最终实现园区经济、社会、产业和环境相协调的可持续发展，建设新时代下的产业发达、社会和谐、资源节约、环境友好、生态宜居、文化繁荣的"现代工业科技高新区"。

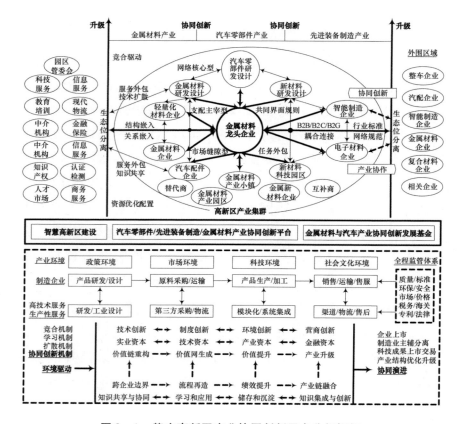

图 8-1 肇庆高新区产业协同创新平台分析框架

说明：电子商务 B2B（企业—企业）/B2C（企业—顾客）/B2G（企业—政府）。

肇庆高新区是广东省重要的产业发展平台，是肇庆融入粤港澳大湾区、广佛肇清云经济圈、珠三角核心区的重要产业集聚区。高新区周边分布众多同类开发区，形成了强大的竞争压力。高新区原有主导产业中，除金属材料外，装备制造、电子信息、生物医药龙头企业带动力较弱，产业链不长，对上下游形成的集聚和带动作用不强。相对而言，高新区金属加工产业具有集群优势，对周边地区产生明显的辐射带动作用，形成了肇庆金属加工产业集聚基地，发挥了产业协作联动效应，而且与省支柱产业对接最为紧密，在省内高新区中具有相对优势。汽车零部件产业已成为肇庆先进装备制造业中最有基础和优势的支柱行业。高新区作为肇庆零部件产业的新战场，具备土地、交通、物流优势。

汽车产业链上各相关企业正致力于轻量化研发，以金属新材料应用的车身轻量化有助于延长汽车续驶里程，汽车产业的发展离不开金属材料产业的支撑。发达国家经验表明，汽车产业与金属材料制造业之间存在着相互作用、互为依赖、协同发展的共生关系。汽车与金属材料二者在技术上的配合更加密切，通过发挥各自产业优势并将两大产业优势逐步融合，最终能够释放出产业集群的整体协同效应。

高新区金属材料产业转型升级发展路径是，在原有金属材料产业发展基础上，优化提升和大力发展金属新材料产业，培育一批骨干企业，带动一大批中小微配套企业，形成布局合理、特色鲜明、产业链完整的金属材料产业集群。金属材料产业发展措施：首先是加快建设高新区金属材料科技园；其次是引进国内外知名的高性能复合金属材料研发机构，重点谋划建设金属新材料国家重点实验室，建设五个公共检测平台：材料性能检测平台、物理模拟系统平台、物质结构分析平台、材料制备与加工平台以及高性能计算模拟平台，为整个珠三角金属材料加工企业提供公共服务；最后是深入推进"一区多园"战略，在分园区中规划建设若干个金属材料产业园，与主园区产业链配套互动，形成金属材料产业网状布局、集群创新发展态势。同时加大金属新材料产业链招商力度，面向全国和全球招商，着力引进一大批大、中、小、微企业，快速形成产业集聚效应。

高新区需要努力探寻金属材料与汽车零部件产业融合发展、协同创新的新思路、新方法，尽快形成"双轮驱动"的产业增长模式。为此提出如下建议：一是设立"肇庆高新区金属材料与汽车产业协同创新发展引导基金"；二是优化和完善高新区商业生态系统环境，制定实施汽车零部件、先进装备制造、金属材料三大主导产业协同创新平台战略；三是加快建设"智慧高新区"，核心是构建智慧型园区运行生态系统、园区产业生态体系和园区产业协同创新平台，努力推进高新区在新时代背景下实现三大主导产业的跨越发展。

第九章

案例分析

在持续推动区域性产业转型升级过程以及各地积极开展实践探索的同时，也形成了一些经验特色或典型模式，通过对相关行业和重点领域出现的成功案例加以剖析，对于加深理论及政策指导在实践方面的促进作用尤其必要。为此，我们从一些颇具代表性的案例实践出发，将其所获得的有效经验和成功做法通过总结归纳并上升为一种创新发展模式，赋予区域或行业企业一定的示范意义和推广价值。如广东中山市小榄镇推动生产性服务业与传统制造业协同创新实践；海尔集团搭建网络化智能工厂与平台创新实践；京东集团打造基于"互联网＋"协同制造的智能硬件虚拟孵化平台的实践探索；等等。

第一节　小榄镇生产性服务业与传统制造业协同创新实践

一　小榄镇基本概况

小榄镇位于珠三角中部，是中山市的西北部城市"副中心"，是广东省中心镇和中山市工业强镇。镇域面积 75.4 平方公里，辖 15 个社区，户籍人口 16.7 万人，流动人口约 15 万人。小榄镇现拥有"中国五金制品产业基地""中国电子音响

行业产业基地""中国内衣名镇"3个国家级产业集群，形成了
五金制品、电子电器音响、食品饮料、化工胶粘、服装制鞋、
印刷包装、光源照明等主导产业。该镇传统制造业经过多年的
转型升级发展，传统七大主导产业实现了由要素驱动向创新驱
动转变，从低附加值的生产制造环节向高附加值的研发、服务
环节转变，新兴 LED 产业发展迅猛。2018 年全镇实现地区生产
总值 344 亿元，增长 7%，居中山市前列；税收收入 61.01 亿
元，增长 7.11%。小榄镇入选 2018 年度全国综合实力千强镇前
100 名、2019 年度全国综合实力千强镇。

二 案例情境

在 20 世纪 90 年代末，小榄镇民营企业面临技术设备落后、
产品档次低、融资困难等一系列问题。在困境面前，地方政府
为推动产业转型升级，出台了一系列政策文件：《中山市小榄镇
2000—2010 年总体发展战略研究》（2002）、《关于进一步推动
产业转型升级专项扶持奖励办法》（2015）、《关于加快实施创
新驱动发展战略的若干意见》（2016）。按照"政府引导、协会
联动、平台服务、多方参与"的抱团发展模式，构建中小微企
业科技服务体系，以促进全镇经济、社会、生态全面协调可持
续发展为宗旨。组建三类创新服务团队：管理队伍（生产力促
进中心队伍、商会队伍）、技术队伍（成立专门技术部门、完善
技术管理制度、加强技术培训）、顾问团队（引入香港、台湾生
产力，与 50 多个高校院所开展产学研合作）。打造十大平台：
技术创新服务平台、信息网络服务平台、企业融资服务平台、
人才培训服务平台、电子商务服务平台、创业孵化平台、质量
检测服务平台、公共展示服务平台、知识产权服务平台、工业
设计服务平台。

1. 建立技术创新服务平台。坚持问题导向，坚持科技先行，为企业提供一站式技术服务，帮助企业解决共性技术难题。一是成功培育了 TPM 盈普光电，从事激光粉末烧结的 3D 打印系统的研发制造，并成功研发制造 3D 打印机销往国外，为珠三角超过 500 家工业企业提供长期的 3D 打印服务；二是创建了五金表面热处理加工中心，服务企业 500 多家；三是成立节能服务中心、低碳发展促进中心，提供能源审计、清洁生产、先进节能技术引进等服务；四是建立中山市半导体照明产业技术创新服务平台，引进广东省半导体照明产业联合创新中心和华南师范大学 LED 产业技术研究院。

2. 组建信息网络服务平台。以"互联网 + 企业工业化"，不断推动企业工业化与信息化的融合。一是打造"小榄科技服务社区网"，全面掌握全镇企业的科技供需信息。坚持"整合科技资源，促进协同创新"的原则，为企业提供政策、技术咨询等服务，并根据企业需求，提供质押融资、众创空间等延伸服务。二是建立"小榄信息服务平台微信网""生产力促进网"。

3. 搭建企业融资服务平台。考虑企业融资难、融资贵的问题，搭建企业融资服务平台，为中小微企业创新发展解决融资难题。一是创办了广东省首家村镇银行、中小企业创新发展融资担保有限公司和菊城小额贷款股份有限公司三大金融机构；二是建立科技金融服务中心，为市、镇推荐科技型中小企业贷款提供风险准备金质押；三是营造企业上市上板培育氛围，积极推进企业新三板挂牌。

4. 打造人才培训服务平台。坚持招才引智工程，为企业招人才、引人才，为产业持续发展提供人才支撑、智力支撑。一是创办广东省首家"生产力培训学院"，并命名为"小榄生产力培训学院"，建设了"小榄镇继续教育中心"与"小榄工业培训中心"；二是成功申请设立"中国生产力学院小榄分院"；三是引入香港生产力促进局和台湾生产力促进中心等机构的优质师资，帮助企业改善生产经营模式。

5. 建立电子商务服务平台。坚持大数据建设，不断拓宽企业营销的新渠道，增加企业线上交易额。一是组建了"小榄镇电子商务服务中心"，提供集商务、交易、孵化、数据监控、人才培养等功能为一体的网商综合服务；二是举办"小榄镇电子商务创业大赛"，通过集训营、特训营、路演大赛、开店实操、实地考察等系列活动，聚集创业人才，发掘具有潜力的电商创业团队；三是建设"电子商务孵化园"，联合中山职业技术学院小榄学院共同打造小榄电子商务孵化园，推动全镇企业电商发展；四是搭建"电子商务人才培训基地"，引入淘宝大学专业培训团队以及快易达、亚马逊、大龙网等跨境电商平台，对接全镇企业电商人才和平台服务需求。

6. 构筑创业孵化平台。坚持扩大创业就业效应，不断改善全镇的创业就业环境。一是成立科技创业中心和中山市工业设计产业园，为符合科技成果孵化条件的中小微企业或个人给予创业支持；二是建立创业孵化基地，包括青年创业孵化基地、外贸创业孵化基地、大学生创业孵化基地、中山聚龙创意谷、中山职业技术学院小榄分院等。2015 年，小榄镇获"国家小型微型企业创业示范基地""广东省众创空间试点单位""广东省2015 年拟认定国家级孵化器培育单位"等称号。

7. 创建质量检测服务平台。建立立创检测、五金检测、水质检测等质量检测服务平台。其中立创检测获得首批美国能源之星光能效测试实验室授权。先后投入 6000 万元建立五大国家认可实验室：化学成分分析（CNAS）、电器安全规范（CNAS）、EMC 电磁兼容实验室（CNAS）、光性能实验室（CNAS、美国能源之星认可）、化妆品实验室（CMA）。

8. 建立公共展示服务平台。坚持"走出去"与"请进来"，为中小微企业开拓国内外市场提供贴身服务。一是每年组织企业抱团参加国内外展会，吸引国内外采购商前来洽谈，签订贸易合同；二是引进美国、英国、日本、德国、意大利等国家及中国港澳地区项目；三是结合产业特点组建专业市场，包括LED九洲城、小榄锁具专业市场、五金配件城、金属材料专业市场等。

9. 建立知识产权服务平台。小榄镇依托商会、锁业协会和龙头企业，先后组织制定发布了《球形门锁》等多个联盟标准。在小榄镇政府、国家灯具质量监督检验中心（中山市）的引导下，中山市半导体照明行业协会与小榄镇生产力促进中心携手13家企业和机构联合制定并发布了"小榄镇半导体照明企业联盟标准"。引进Patbase专利检索系统，免费为企业提供专利检索和分析服务。协助企业将自主研发的专利技术、核心技术、关键技术转化为技术标准。

10. 搭建工业设计服务平台。一是建立工业设计产业园，助推中山本土甚至周边地区传统优势产业转型升级。已进驻上百家企业，为1000多家传统制造企业设计了近2000款产品。园区内成立了创新工场，以及工业设计联合体，联合园区内7家工业设计机构组成工业设计生态型创新联合体，促进各主体协同创新。二是组建中山市工业设计协会和小榄工业设计服务中心，与丹麦设计师协会、香港理工大学、香港工业设计中心等国内外著名设计机构合作，举办多种形式的创意设计活动。

进入"十三五"时期，在深化协同创新服务平台建设方面，通过引进广东省智能机器人研究院等机构，共建"智能锁具产业协同创新中心"，生产力促进中心获全国"生产力促进奖"。

补链强链工程成效显著，"物联网＋SMT智能贴装"共性工厂和全自动打磨抛光共性工厂项目全面启动。立足"工业＋互联网"模式，引进璐克斯集团，建设中山市首个"工业互联网平台"，推动制造业高质量发展。成立知识产权服务中心，不断提升知识产权管理和保护水平。

积极培育创新型新业态。发展工业共享经济，鼓励产业链共性工序环节独立化、专业化。大力培育LED与电子元器件贴片、五金抛光等生产环节的共性工厂，推动产业集聚发展。引导制造业企业从主要提供产品向提供产品和服务转变，加快服务环节专业化分离和外包，提高制造业附加值和竞争力。出台现代服务业扶持奖励政策，优先发展生产性服务业，优化提升生活性服务业，集中力量打造重点载体、平台和项目。优化工业互联网平台，大力培育新业态新模式。为企业产品出口提供专业化服务，加快培育出口新增长点。

在此期间，镇政府还积极推进创新要素聚集小榄。促进建设以骨干企业为主导的制造业创新中心和新兴产业创新中心，营造公平透明的营商环境，打造在大湾区内具有竞争优势的创新人才集聚高地。采取"项目＋人才""技术＋人才""柔性引才"等形式，引进高端人力资源，带动高端制造业、高端服务业、科研机构等要素聚集。探索设立科技创新创业引导基金，支持企业、团队和人才开展科技创新活动，厚植创新要素发展土壤。

三 研究发现

一是着力实现由工业园区向产业集群转型升级，重点突出优势产业和主导产业的产业链集聚发展。近年，小榄镇主要围绕选择优势产业和主导产业以及产业链集聚的发展思路，通过持续加大政策支持力度，推动了以五金制品、电子电器音响、食品饮料、化工胶粘、服装制鞋、印刷包装、光源照明等优势产业和主导产业的产业链集聚发展，其中五金制品、电子音响、内衣三大产业集群分获"中国五金制品产业基地""中国电子音响行业产业基地""中国内衣名镇"三个国家级产业集群挂牌。这些优势产业集群的发展趋势是，不断走向产业集群生态系统，以期获得持久的竞争优势和创新驱动力。

二是促进优势产业和主导产业由要素驱动向创新驱动转变，推动由低附加值的生产制造环节向高附加值的研发、服务环节转变。在国家创新驱动发展战略的引领下，小榄镇出台了一系列关于加快创新驱动发展战略的政策措施，建立了中小微企业科技与公共服务体系，组建了若干专业的创新服务团队，重点是打造包括技术创新服务平台、信息网络服务平台、企业融资服务平台、人才培训服务平台、电子商务服务平台、创业孵化平台、质量检测服务平台、公共展示服务平台、知识产权服务平台、工业设计服务平台等十大平台，初步形成了一种从政策支持到服务提供再到各级各类平台体系的全方位覆盖和立体化空间支撑的未来发展格局。

三是小榄镇与广东省智能机器人研究院等多家机构合作共建"智能锁具产业协同创新中心"，为该产业开展协同创新提供了必要的平台支持。基于"工业＋互联网"模式的应用实施，搭建了市级工业互联网平台，为推动制造业高质量发展提供了操作载体；通过优化工业互联网平台，着重培育新业态、新模式以及出口新增长点。在有效推进创新要素聚集的策略上，包括建设以骨干企业为主导的制造业创新中心和新兴产业创新中心，采取"项目＋人才""技术＋人才""柔性引才"等多种形式集聚创新人才，由此带动高端制造业、高端服务业以及科研机构等关键创新要素聚集。

第二节　海尔智能工厂与平台创新的成功实践

一　企业概况

海尔集团创立于 1984 年，是全球知名大型家电企业之一。海尔从 1984 年开始经历了品牌战略、多元化战略、国际化战略和全球化品牌战略四个发展阶段，2013 年正式进入第五个发展阶段，即网络化战略发展阶段。海尔集团目前已从传统家电制造企业转型升级为面向全社会的孵化创客平台。海尔旗下的法人单位 240 多家，全球化战略使海尔在 30 多个国家建立了本土化的设计中心、制造基地和贸易公司，全球员工总数超过 5 万人。海尔实施的多元化发展路线，形成了包括科技、工业、贸易、金融四大支柱产业。目前，海尔在网络化智能工厂、智能家居集成、网络家电、数字化、大规模集成电路、新材料等技术领域处于世界领先水平，在国际市场影响力也得到了不断巩固和加强，且日益彰显其发展实力。海尔作为创新驱动型、平台战略型的代表性企业，致力于为全球消费者提供能够满足其需求日益增长的解决方案，并努力实现企业与用户、企业与合作伙伴之间的共赢格局。海尔或已经成为家电行业的领导者和行业规则的制定者。

二　案例情境

海尔集团从 2013 年开始正式进入网络化战略发展阶段。网络化战略是海尔为了迎接互联网时代对传统经济模式的挑战而制定的，其战略重点是打造模块化价值网络，以及构建商业生态系统，所进行的颠覆性模式创新。海尔基于智能柔性的智能工厂，高效地满足用户在互联网时代的个性化需求，通过网络化智能制造模式的创新,赢得了第三届中国工业大奖。海尔集团致力于打造网络化智能工厂的开创性实践,主要体现在以下方面。

1. 率先建设滚筒洗衣机无灯工厂。海尔打造出家电行业首个无灯工厂,在海尔滚筒洗衣机的内筒生产线已经完全实现了无人化生产,这条全自动生产线是海尔推行网络化智能制造的具体体现,也是为用户按需制造的必然要求,它实现了对传统制造的颠覆,这种颠覆主要体现在工艺和远程监控信息化系统上。颠覆性工艺实现了内筒跳动由 0.5 到 0.1;支持内筒转速由 800 到 1600;通过网络实现信息化数据收集,整条线体工作状态可实时监控,远在大洋彼岸的新西兰售后服务团队可远程诊断线体状态,进行远程升级,及时进行设备保养维护,保证零停机。此外,焊接方式也由原来的氢弧焊接调整为激光焊接,这使得内筒能承受 1600 转/分的高压。内筒模块数和前后法兰与内筒体模块化接口数大幅度优化,这样生产时减少换型,提高生产效率,同时优化后的法兰能够与 DD 电机更好地配合,支持实现全球最安静洗衣机的静音要求,以最优的模块配合快速满足用户个性化需求。通过这一颠覆性创新,内筒车间由 45 人到 0 人,效率提升 30 倍,人均效率达到 100 台/人·时,整个加工车间的工人由原来的 108 人降到 0 人,效率提升了 3 倍,自动化水平由原来的 25% 提高到 100%,实现了行业引领。

2. 以智能制造引领冰箱厂的自迭代。冰箱厂在模块化、自动化的基础上,持续对标工业 4.0 母本,通过自我迭代进行数字化升级,吸引全球一流资源参与交互竞争,以智能制造执行系统 iMES 为核心,推动整个工厂数字化迭代升级,大幅提高效率。目前已初步实现设备的自动控制、报警,生产的自动排产,物料按单拉动以及制造大数据的自动采集可视可控等,最终满足用户个性化定制的需求。

从标准化精益、模块化、自动化、智能化等方面进行全面的探索创新实践，目前已取得初步效果，实现产能翻番、用人减半。一是标准化精益方面，工厂的布局严格按照精益原则鱼骨图布局；总装线由传统的一条长线变为四条短线，线体节拍可根据市场需求灵活调整。二是模块化方面，通过全流程（研发、制造、采购等）的并联交互以及大资源整合，吸进一流模块商，实现总装只做 SKD 装配。总装由原来 41 个零件到现在的 13 个模块，装配效率大大提升。三是自动化方面：工厂已进入大数据自我优化阶段，实现前工序的无人化、总装的柔性化。通过持续吸引世界一流供应商参与研究自动化的解决方案，基本实现设备的信息化、智能化演进，自动化率提升 60%，目前有八项自动化技术处于行业领先水平。如门壳模块由 6 个单机颠覆为一条自动线，感应焊接、氢氧焊接技术和红外成像性能检测系统等颠覆了传统的冰箱焊接和性能检测技术。沈阳冰箱生产线的门体智能配送线，实现了点对点的精准配送，解决箱门体不配套难题，快速满足用户的个性化需求，实现全球引领。四是智能化方面，建设吸引全球一流资源参与交互竞争，实现整个工厂制造系统的颠覆，大幅提高效率，全流程的自动监控如设备的自动控制、报警，生产的自动排产，物料的按单拉动等，最终满足用户个性化定制的需求。

通过以上创新，工厂工人由原来的 1620 人降至 470 人，降低 70.98%。产能由原来的 100 万台提高到 200 万台，提升 1 倍，整体上实现了行业引领。

3. 整体实现佛山新工厂的升级迭代。海尔集团在佛山新建的工厂，瞄准工业 4.0 标杆，在冰箱工厂的基础上进行迭代升级，重点在智能互联（自身健康智能：自感知、自诊断、自优化)、智能人机/机机交互 (自监测、自控制、自协调) 等大数据互联领域开展实践，从而整体实现了数字化集成、设备智能化和生产柔性化。

三　研究发现

第一，通过搭建网络化智能交互平台，打造开放竞争的商业生态系统。海尔搭建了以用户定制体验为中心的网络化智能制造交互平台，其实现的网络化智能制造涵盖了全产业链，包括产品智能化、制造智能化、服务智能化等全流程、全网络，将所有的产品都变成互联网终端，将智能家居提升为智慧家庭，最终打造满足用户个性化需求的智慧家庭创新平台。海尔网络化智能制造锁定智能无人化生产线，进而开创了家电行业智能制造的新时代。另外，海尔不断探索用户与员工的零距离衔接，通过搭建用户零距离并联交互平台，实现用户的质量口碑第一时间并联到工厂的员工，并联到线体自主抢单。通过流程并联和信息化的支持，打通了用户和员工之间的沟通渠道，口碑好的线体能够率先抢到用户订单，实现精准、高效、满负荷生产，通过线体小微化运营，实现多抢多得的超利分享运营模式，打破了过去安排式、等单式生产，进入开放式、抢单式的优胜劣汰的生态圈环境，企业由传统制造平台转变为创新创业的先进制造平台。

第二，通过模块化配置式生产，极大地满足用户的个性化需求。模块化生产是智能工厂的核心，进入互联网时代，产品的生命周期逐渐缩短，用户需求也日益呈现出碎片化趋势，这就要求行业企业必须通过模块化生产才能更加有效和持续地满足消费者快速增长的个性化、多元化需求。互联网时代用户的个性化需求有两类：一类是小众化需求；一类是完全个性化需求。前者可在模块化基础上，通过配置式生产，快速满足用户需求。海尔实施模块化战略，利用模块组合成不同的产品来满足用户的不同需求。海尔搭建价值网资源交互平台，通过众包模式，将用户需求直接上传网络，吸引全球资源参与创新，例如滚筒洗衣机的动力模块，海尔上传用户需求到互联网，吸引全球创新资源通过网上交互进行颠覆性创新。后者则需要通过3D打印来满足。例如水晶洗衣机旋钮，通常是圆的，但在网络用户互动平台，用户则提出了水滴的、镂空的甚至是耳朵形的个性化需求，海尔开放模块设计资源，通过价值网吸引全球资源参与创新设计。

第三，不断探索自动化三步曲，打造行业首个无灯工厂。为满足用户个性化定制需求，解决大规模生产遇到的柔性制造的难题，海尔基于工业4.0，建立了人与机器、机器与机器自由交互的白色家电自动化社区，开启了自动化的"三步曲"。

第一步：自动化1.0（高自动化阶段）。基于模块化，建设高自动化线体，满足用户的差异化定制需求。通过搭建开放式、全流程并联交互的生态圈，不断吸引全球创新资源分享自动化设计方案，对设备进行升级，为用户带来全新的增值体验，旨在针对能源利用率的提高，采取前工序黑灯，满足节能减排和绿色制造要求。同时，随着设备智能化的实现，员工技能不再局限于工位操作，更注重于信息化系统与知识的学习，通过培训机制有助于将员工转变为知识型员工，从操作设备转变为控制设备、管理设备和优化操作流程。总装柔性高，实施适度自动化，多条短线或单元工站与包装自动化、检测自动化结合，通过大资源整合以满足用户的差异化需求，这样既满足大众所需，又满足个性化定制。自动化与信息化、新技术的不断融合，通过制造大数据，实现设备的事前维保与智能互联。基于信息化系统和大数据，实现前工序、总装设备间的互联，从而进一步实现制造全流程并联与可视化。

第二步：自动化2.0（大数据自我优化）。探索利用大数据、传感技术、互联网技术，实现前工序无人、总装柔性化、设备数字化。通过搭建开放的资源、用户交互平台，鼓励用户主动参与产品设计，并通过系统直接将用户设计同步到自动化设备数字化系统，实现同步制造，及时满足用户的个性化需求。

第三步：自动化3.0（用户、资源、智慧机器自由交互平台）。利用云计算、3D打印等先进技术，建立用户与资源、机器与人、机器与机器的自由交互平台（社区），满足用户个性化定制需求与机器的自我优化，实现用户"有求必应"，形成一流资源无障碍进入、用户资源自由交互的自动化生态圈。

通过自动化"三步曲"的实践探索，海尔达到了替代人工、改善环境、提高效率、改善质量的系统目标，建立了柔性自动化生产线，打造了家电行业首个无灯工厂，实现了用户对制造全流程的体验、设备智能化需求以及家电行业向智能制造的快速转型。

第四步：以智能制造执行系统（iMES）为核心，打造全过程智能工厂。海尔智能工厂以iMES为核心，对整个制造过程进行管理和优化，替换现有的满足大规模生产的MES，引入时序排产、工艺管理、准时准序配送、可视化ANDON、全过程质量管控信息化（TQC）、全流程跟踪、制造大数据、人员绩效管理、自动化设备全时运营管理等先进业务模式，以支撑智能工厂的打造。通过以RFID为代表的物联网技术和传感器的广泛应用，使集成制造执行系统实现了制造数据的自动采集、自动追溯、实时可视可控，异常的自预警，从而实现智能工厂实时可视、可控、透明。模拟仿真技术在智能工厂项目规划中的应用，实现了项目方案可行性的快速验证。同时，海尔通过建立新技术解决方案生态圈，以整合全球资源，吸引全球发泡技术解决方案资源，采用领先全球的技术方案实现创新性突破，建成全球效率最高的冰箱发泡生产线，实现了高效、绿色环保、低碳减排、超级节能，生产出每天仅耗电 0.19 千瓦时的冰箱。

第三节　京东打造智能硬件孵化平台的实践探索

一　企业概况

京东于 2004 年正式涉足电商领域，2019 年，京东集团市场交易额超过 2 万亿元。同年京东集团第四次入榜《财富》全球 500 强，位列第 139 位，是中国线上线下最大的自营式电商企业，旗下设有京东商城、京东金融、拍拍网、京东智能、O2O 及海外事业部。京东集团目前业务已涉及零售、数字科技、物流、技术服务、健康、保险、物流地产、云计算、AI 和海外等领域，其中核心业务为零售、数字科技、物流、技术服务四大板块。京东零售集团拥有 3 亿多活跃用户，致力于在不同的消费场景和链接终端上，通过强大的供应链、数据、技术以及营销能力，在正确的时间、正确的地点为客户提供最适合他们的产品和服务。京东数字科技集团以数据技术、人工智能、物联网、区块链等前沿技术为基础，建立并发展起核心的数字化风险管理能力、用户运营能力、产业理解能力和 B2B2C 模式的企业服务能力。截至 2019 年 6 月，该集团已累计服务涵盖 4 亿个人用户、800 万线上线下小微企业、700 多家各类金融机构、17000 家创业创新公司、30 余座城市的政府及公共服务机构。京东物流集团成为全球供应链基础设施服务商，是全球唯一拥有中小件、大件、冷链、B2B、跨境和众包六大物流网络的企业，在全国运营超过 700 个仓库、25 座大型智能化物流中心

"亚洲一号"，投用了全国首个 5G 智能物流园区。包含云仓在内，京东物流运营管理的仓储总面积约为 1690 万平方米。

二 案例情境

近年来，京东致力于与制造企业开展研发合作，推出自有品牌电脑、平板等自主创新产品。通过京东电商平台的大量手机销售数据分析，结合消费者需求反馈，制造企业可实现众包研发模式与制造企业定制满足用户需求的外观、性能、软件的手机终端。京东通过在智能硬件方面的长期积累，结合京东平台的大数据分析，联合制造企业推出各类智能硬件产品，帮助制造企业更好地把握市场机会，同时有效降低制造企业的渠道成本。打造智能科技产品定制频道，向消费者征集创意，多样化的新品预订与首发销售。

京东通过与行业上下游企业组建产业链联盟，扶持创新硬件企业发展，加入的合作伙伴包括创新社区、品牌商、投资机构、电信运营商、渠道商、科技媒体、初创企业、应用服务商、制造企业等。京东拥有极具影响力的渠道优势，部分创新型智能硬件产品已在京东平台上得到很好的展示、预售及销售成果。京东供应链服务已与众多企业直接提供仓储、配送、售后、维修、逆向物流等全方位供应链服务。京东拥有数量庞大而准确的数据基础，包括商品、销售状况、消费者消费行为和供应商状况等数据。依赖于大数据，京东通过数据挖掘，反向指导生产制造企业进行产品设计、生产、营销以及供应链管理。

2015 年，京东智能硬件孵化平台获"中关村智能硬件孵化器"挂牌。该平台旨在携手合作伙伴打造一个开放共赢的硬件创业生态系统，为智能硬件创业团队提供个性化服务，通过聚合京东特色的市场和专业服务资源优势，为国内外智能硬件创业项目提供专业孵化和加速服务。同时借助京东海量数据，平台能够为创业者提供深度的用户分析服务；具有京东特色的公开课、训练营等创业辅导能够帮助创业者尽快达到京东首发、众筹、自营采销等要求和标准，丰富产品的线上销售渠道。除提供办公场地外，平台同时提供了包括产品展示、项目路演和主题沙龙为内容的线下集合地，进而营造了一种硬件创业专属圈氛围，以促进行业交流。针对具有潜在的高价值硬件项目，平台将提供专业的硬件供应链管理服务、天使基金以及 A 轮的投资服务。此外，京东智能硬件推广公共服务平台开辟了中关村智能硬件产业专区，依托京东优势资源为智能硬件创业团队提供全方位推广服务，助力智能硬件产业发展。如通过定期组织"JD ＋"项目评审会等形式，帮助创业团队快速对接京东资源。

三　研究发现

京东智能硬件孵化平台的明确定位及其实践特色是专注于智能硬件创业服务，并最终打造成为一个面向全球创业者开放的、可持续实现全方位价值共享共创与共赢的硬件创业生态体系。其优势及特点就在于：首先是借助京东"智能云"产品，通过对用户数据进行深度分析，确定用户需求和痛点，为智能硬件创业者提供用户需求的精准数据服务，然后再依据用户需求来改造和完善自己的产品，从而帮助创业者真正跨越"信息孤岛"的屏障，实现创业者与目标用户的零距离，甚至将用户带入整个的创业过程，达成创业者体验与用户体验的一致性，此为创业者及其创业项目是否成功的关键，这无疑得到了许多创业失败的反证。其次，借助京东背后的行业号召力、上佳的用户口碑以及巨大的用户规模和渠道资源，具体由京东背书，并向用户担保，通过产品众筹以解决创业者最初的产品生产需求，之后通过有序引入股权众筹支持公司运作和成长。再次，通过颇具京东特色的创业公开课和训练营等多种形式以强化创业者对创业过程的理性认知，并帮助其完成创业项目开发和创业愿景规划，促成创业项目及产品实现并尽快达到京东首发、众筹、自营采销等要求和标准。最后，通过定期举办的"JD＋"项目评审会推荐优势项目或扶持项目，推动项目团队快速对接京东资源。与此同时，京东智能硬件推广公共服务平台贯穿于整个孵化流程，从而加速了孵化进程，缩短了孵化周期，提高了项目落地的速度和效率。

通过对上述三个典型案例的分析解读，便不难发现：

①有关产业企业转型升级的研究成果是通过影响产业政策的制定与实施以及在实践中发挥指导作用，而理论提出的关于产业企业转型升级的机制或模式又必须能够在实践中得以验证，并同时检验其政策效果，表明在"理论—政策—实践"循环互动中取得了成效。

②产业企业转型升级没有统一的模式可循，必须依据区域发展的不同阶段、不同定位以及对产业选择作出的政策安排，并充分考虑产业企业发展所处的阶段性特点以及行业、市场发展在时间与空间演化的规律，选择适合其自身的升级路径和发展模式。

③加速传统制造业向先进制造业转型升级是长期依归的正确方向，推动简单低端产品制造向高端制造和服务型制造转型是制造业发展的必然趋势，这将决定着制造业行业企业发展的未来走向。

④在制造业商业生态系统条件下，有利于打造高端制造、先进制造的云端创业生态圈。

第十章

对策建议

建立在商业生态系统框架下，推动实施制造企业价值网平台战略，持续促进制造业、信息产业、生产性服务业协同创新与互融发展，显著提升产业融合发展的质量和效益，着力建设创新型产业集群和创新型经济，为此提出以下建议。

第一节　企业层面对策建议

第一，充分利用"互联网＋"技术手段扩大互动的广度和深度，创新互动形式。企业通过"互联网＋"技术手段将自己的价值主张更好地呈现给用户，用户针对产品使用体验提出更好的建议。各利益相关者主体借助技术手段跨越时间和空间障碍，更好地进行跨界协作和资源整合，激发共创活力和效率，促进价值共享共创的健康发展，促使创新社群更好地融入价值共享共创实践中。

第二，中小制造企业与互联网融合构建平台生态系统，可从企业、行业、区域不同层面开展。企业层面，中小制造企业可通过选择参与或构建支持其价值活动的互联网平台，与多主体互动，采集、汇聚与分析海量数据，弹性供给并高效配置制造资源，实现生产经营活动的智能化改造。行业层面，中小制造企业通过选择参与产业互联网平台，加强与大型制造企业的链式协作，促进跨界合作，使制造业价值链与互联网平台中其他行业价值链实现跨链重组。区域层面，中小制造企业应积极对接所在区域的基础性公共服务平台与科技创新服务平台，及时发布并对接相关需求，充分利用平台资源，实现融合发展。

第三，跟进商业生态系统发展趋势，利用数据提高整合内生与外部资源能力，为企业转型升级开辟新思路。企业要以互动为价值创造方式、以服务顾客为指导思想进行价值创造，精准定位顾客需求、建立开放包容的交流平台，开拓随时随地的互动方式，营造顾客与企业价值共享共创的良好氛围并提供个性化服务。企业需要明确数据整合的方向与界限，在确保利益持续增长的同时，注重规避数据引发的风险与安全问题，充分利用海量数据创造价值，避免数据陷阱。企业要创造性地开发合作伙伴，以联手共享不同业务的用户数据资源以拓展价值共创领域，打破数据共享的樊篱，获取多元资源，提升价值创造动力。

第四，制造业企业服务化转型应构建用户导向的利益相关者价值共享共创网络。利益相关者价值共享共创的核心在于员工与用户实时交互、共创与共享价值。战略选择上，在生产型战略转变为服务型战略背景下，企业经营战略应以用户需求为导向，与用户共享共创价值；资源配置机制上，建立价值网的平台观和资源观，基于整个价值链合理配置制造资源，形成利益相关者的价值共享共创网络；组织模式上，由传统职能型组织向平台化组织转变，形成自组织，为价值共享共创奠定组织基础；财务核算与激励机制上，构建与价值共享共创相适应的内部小微核算制度，充分调动员工的积极性，在共创价值的同时共享价值，加快制造业服务化转型进程。

　　第五，平台核心企业应提升企业的盈利能力和建立开放式价值网。平台核心企业总体战略包括：网络互联生态圈、智能终端生态圈和互联网共享平台，以及财务战略与经营战略的高度配合，实施技术驱动和用户驱动的创新战略，建立企业内外协同创新体系，构建开放式价值网。在价值网构建中，核心企业应具有稳定的利润来源，充分考虑资金的撬动作用，同时注重价值网的开放与互利，以及构建开放共享平台。通过利用平台的网络效应，企业的自身优势能辐射到更多产业，将更多产业纳入价值网中，形成多产业多企业协同的价值系统，逐步培育不同于传统核心竞争力的生态优势。

　　第六，平台核心企业应加强平台治理，强化商业生态竞争优势。平台企业在增强竞争优势和抗风险能力时，除不断推出新服务帮助用户创造价值外，还应通过主体资格、行为规则、定价规则、奖惩规则和种群关系协调等治理政策，促进商业生态系统成员共生互补，在此基础上实现价值共享共创。为进一步强化商业生态竞争优势，平台企业须根据内外环境实时调整平台治理政策，采取合理客观的治理政策促进种群之间共生互补，强化竞争优势。

　　第七，传统大型制造企业谋划平台战略。传统大型制造企业数字经济转型的关键是建构平台战略，企业应紧紧围绕平台战略愿景进行平台内容开发和平台生态管理。平台战略规划应以平台生态圈的资源共享和价值共创为目标，充分考虑生态圈中利益相关方的整体利益和价值实现逻辑。项目式的平台战略设计与实施，是企业组织变革的良好切入点，以"先立新，后破旧，循序渐进"的方式，推进渐进性的变革，逐步改变企业的认知模式、业务流程以及组织结构。组织变革的发生与平台战略的实施相辅相成，组织结构与能力资源的匹配，有力支撑了组织的平台生态圈建设，从而推动企业战略转型和动态能力实现。

第二节　行业及政府层面对策建议

第一，坚持创新驱动，通过高新技术与传统制造业的高度融合，巩固传统制造业的比较优势。采用高新技术、先进适用技术和现代管理技术改造提升传统制造业，构建模块化价值网，推动产业链向高附加值的两端延伸，增强整体竞争力。以提高产业链配套能力、增加产品附加值为重点，加大产业研发投入，强化工艺设计，提高技术装备水平；大力发展高附加值节能环保产品。积极把握5G、云计算、物联网、大数据等现代信息技术进步带来的资源整合、模式创新和新兴服务拓展等重大机遇，进一步通过创新驱动促进传统制造业与现代信息技术协同创新、融合发展，加快推动传统制造业向先进制造业转变。

第二，坚持供给侧结构性改革，退出高能耗、高物耗、高污染、低附加值以及用现代技术改造提升见效慢的产业领域。提升传统制造业产品质量，提高高质量、高附加值产品在行业总产出中的占比；加速企业技术改造，继续鼓励传统制造业设施装备智能化改造，推动生产方式向模块化、数字化、网络化、精细化、柔性化转变；推进传统制造业绿色化改造，推行生态设计，加强产品全生命周期绿色管理；推动传统制造业由生产型向生产服务型转变，引导传统制造企业延伸产业链条、增加服务环节。加快推进企业开展以扩产增效、智能化改造、设备更新、公共服务平台建设和绿色发展为主要方向的技术提升，在核心技术产业化、先进装备更新、绿色低碳发展、信息技术应用、品质提升等主要环节的升级突破。推动企业广泛应用先进技术装备，大力推动"机器人应用"，提高产业竞争力。

第三，促进工业化和信息化进一步融合发展。实施数字化平台战略，培育发展新空间，推动信息基础设施建设，推进"互联网＋"行动，加快发展工业互联网，促进传统制造业与信息化深度融合。加大传统制造业信息化改造力度，实施工业数字化改造示范工程，推广普及 CAD、PDM、PLM、ERP 等计算机辅助研发和制造软件，提升企业研发、生产控制、市场营销、供应链管理、人力资源管理等环节自动化和智能化水平，提高生产精度和资源利用率。促进信息化与工业化深度融合，提高软件和信息服务业服务传统制造业转型升级能力。推进嵌入式、智能化、可重组的无线射频识别（RFID）系统集成软件在传统制造业生产、流通等各环节的应用。推动制造企业开展线上线下、柔性制造、大规模个性定制等制造模式创新，促进制造模式向基于消费者个性需求的新模式转变。推进工业云平台建设，大型制造企业建设云服务平台，服务周边地区和中小型企业，实现产品设计、制造、管理和商务各环节在线协同。促进工业大数据在制造业领域的集成应用，发展基于工业大数据分析的工艺提升、智能排产、过程控制优化、能耗优化等智能决策与控制应用。

第四，引导生产性服务业集聚发展。进一步引导生产性服务业在全国制造业集中区域和功能区集聚发展。增强生产性服务业与制造业的产业关联性，发挥其产业互动绩效，优化生产性服务业与制造业的融合互动模式，使得产业发展过程中相似、相关和互补的企业共享资源在空间上进行集聚，在全国打造一大批制造—服务一体化产业园区。加强与境内外生产性服务业领域深度合作，在更大的区域范围整合生产性服务业发展资源，构建中国现代生产服务网络体系。

第五，促进制造业服务化向纵深发展。进一步拓展制造业产业链条，增加生产服务要素在制造业投入产出活动中的比重，促进制造业从以产品为中心向服务增值延伸。鼓励制造企业外包非核心业务，强化产业链两端资源投入，推动产品生产商向服务商转型。鼓励研发、工业设计、电子商务、云计算、物联网等服务企业，通过新技术、新设计、新平台建设，主导新产品，打造自有新品牌，向掌控产品品牌和核心技术的高端服务业转型。积极支持服务企业通过消费需求大数据分析，推广个性化、多样化的以销定产模式，实现精准生产和精确制造。引导社会资本积极发展信息技术外包、业务流程外包和知识流程外包服务业务，在全国培育一大批服务外包领军企业和集聚区，打造一大批服务外包高地和国际知名的服务外包产业集聚地，为产业转型升级提供支撑。

第六，强化产业链协同创新。依托龙头骨干企业，吸纳产业链上下游企业，联合高校、科研院所、金融机构、行业组织，在技术标准、关键技术、专利保护、成果孵化转化等方面建立产业联盟、技术创新联盟、知识产权联盟，深入开展产学研用合作。加强工业共性与关键技术研发，有效推进成果转化。

第七，构建基于价值网的产学研协同创新平台。围绕制造业领域创新发展的重大共性需求，建设一批制造业创新中心。制造业大型企业发挥创新骨干作用，牵头组建产业共性技术研发基地。以先进制造业企业为主导建立产业技术创新战略联盟，促进传统制造企业、高校、科研院所、金融机构、创新平台联合产业化需求方建立价值网协同创新平台，共同开发新产品、新技术，提升集成创新能力。鼓励有条件的大中型企业设立企业研究院和重点实验室，从制造环节向研发设计和品牌营销环节延伸，建设一体化的产业链体系和模块化价值网。通过模块化价值网，大型骨干企业围绕核心产品的开发生产，带动一批专、精、特、新的配套中小企业协同发展。

第八，积极发展工业互联网。推动信息技术应用于生产性服务业，推动生产性服务业发展成果应用于工业和信息产业，提高工业和信息产业附加值。通过"两化融合"促进服务化发展，通过服务化发展为"两化融合"拓展空间，实现工业化、信息化和服务化深度融合。利用工业软件和大数据、工业互联网，实现从智能装备到数字化车间、智能工厂、智能服务的智能制造系统集成。

第九，提升产品质量支持服务。进一步加快发展第三方检验检测认证服务，鼓励不同所有制检验检测认证机构平等参与市场竞争，不断增强权威性和公信力。加强计量、检测技术、检测装备研发等基础能力建设，发展面向设计开发、生产制造、售后服务全过程的分析、测试、计量、检验等服务。积极运用互联网、物联网、大数据等信息技术，发展远程检测诊断、运营维护、技术支持等售后服务新业态。

第十，进一步推动制造企业制定实施品牌发展战略。开展品牌营销策划和品牌价值开发，引导创建区域品牌。应支持企业创建优质制造集合品牌，以品牌引领消费，带动生产制造，提升企业知名度、商誉度和竞争力。在重点领域培育和打造品牌服务企业，支持通过并购、组建专业服务联盟等方式，实现专业化、品牌化发展。

第十一，推动制造企业与金融租赁公司、融资租赁公司加强合作。鼓励龙头企业与金融机构开展供应链金融服务，拓展中小企业融资渠道。推动金融机构以品牌核心企业为出发点的整条供应链来提供金融服务，优化供应链生产要素资源配置。大力引导和推动区域性股权市场发展，服务小微企业，促进科技初创企业融资。开展互联网股权众筹融资，完善创业投资、天使投资退出和流转机制。鼓励银行业金融机构新设置从事科技型中小企业金融服务的专业分行，提供科技融资担保、知识产权质押、股权质押等方式的金融服务，面向制造企业开展融资租赁服务，通过创新金融服务推动制造业发展。

第十二，鼓励制造企业形成知识产权资产组合。制造企业通过自主创新、开放合作、知识产权引进等多种途径，形成具有市场竞争力的知识产权资产组合。加强专利技术攻关和集成创新，创造一批具有战略储备价值的核心专利，推动高价值专利在产业链上下游之间的协同运用和价值实现。进一步完善著作权制度与科技政策、产业政策、文化政策、教育政策、外贸政策有效衔接的创新政策体系。

第十三，推动大型制造企业重点发展开发式创新创业平台。推动有条件的大型制造企业发展创业创新平台，围绕自身产业链上下游支持企业内外部创业创新活动。积极培育创客群体，实现创新与创业相结合、线上与线下相结合、投资与孵化相结合。探索构建云端创业生态圈，积极开展云端创业。

第十四，加强各类平台建设和运营管理。平台运营商要健全企业保障机制，提供可靠安全平台；要建立科学、合理、可行的审核机制，保障企业使用平台的便捷性和安全性；要健全诚信机制，增强企业间的诚信和责任意识，为企业实施平台战略和跨界发展提供保障。

第十五，培养技术技能人才和应用型人才。推动普通高校、职业院校与企业深化校企合作，共建重点专业和实训基地，开展订单培养和现代学徒制，培养企业急需的技术技能人才和应用型人才。深化职业资格制度试点，完善符合产业人才成长规律的评价办法，加快建立覆盖现代产业体系、专业齐全、结构合理、标准科学、社会认可度高、符合国家职业资格制度，与国际接轨的职业资格评价体系。大力引进生产性服务业领域创新团队、领军人才，推动地方政府和企业制定相应的引才计划，形成多层次立体式引才体系。

第十六，充分发挥行业中介组织的服务作用。加强传统制造行业协会、商会建设和规范管理，制定行业质量规范和技术标准，规范行业和会员单位的生产经营行为，大力推动行业诚信建设。充分发挥行业协会、商会桥梁和纽带作用，做好行业统计、行业信息发布、行业资质认定、举办专业展览展销活动、组织商务考察、开展咨询培训等服务工作。支持行业协会组织行业企业维护权益和参与国际竞争。

第十七，完善商业生态系统和优化营商环境。进一步深化行政审批制度改革，创新政府管理模式，营造促进先进制造业与生产性服务业协同创新、可持续发展体制机制和更优软环境。通过实施生产性服务业市场准入负面清单制度，健全市场退出机制，加大对产业互融发展、协同创新的战略性指引，建设创新型产业集群，实现制造业和生产性服务业"双轮驱动"的经济增长模式。

参考文献

安筱鹏：《制造业服务化的路线图》，《中国信息界》2010 年第
  5 期。

白鸥、魏江：《技术型与专业型服务业创新网络治理机制研究》，
  《科研管理》2016 年第 1 期。

薄香芳、张宝建：《推动企业孵化生态系统价值共创》，《山西
  日报》2010 年 4 月 12 日第 10 版。

蔡朝林：《网络环境下产业集群生态系统竞争优势及政策效应研
  究》，博士学位论文，华南理工大学，2019 年。

蔡进兵：《核心企业成长与集群产业升级研究》，《改革与战略》
  2011 年第 1 期。

蔡宁等：《产业融合背景下平台包络战略选择与竞争优势构
  建——基于浙报传媒的案例研究》，《中国工业经济》2015 年
  第 5 期。

陈赤平、刘佳洁：《工业化中期生产性服务业与制造业的协同定
  位研究——以湖南省 14 个市州的面板数据为例》，《湖南科技
  大学学报》（社会科学版）2016 年第 1 期。

陈国华等：《供给侧改革视角下江苏省传统制造业的转型升级》，
  《淮海工学院学报》（人文社会科学版）2017 年第 12 期。

陈劲、阳银娟：《协同创新的理论基础与内涵》，《科学学研究》

2012 年第 2 期。

陈玲：《市场平台组织体系及运行模式研究》，《经济问题》
2010 年第 10 期。

陈明森等：《升级预期、决策偏好与产业垂直升级——基于我国
制造业上市公司实证分析》，《中国工业经济》2012 年第
2 期。

陈蓉、陈再福：《福建省制造业与生产性服务业协同集聚研究》，
《福建农林大学学报》（哲学社会科学版）2017 年第 10 期。

陈松青、周琴：《制造业结构、规模与研发投入对生产性服务业
发展的影响——基于随机前沿模型的分析》，《科技与管理》
2018 年第 5 期。

陈威如、余卓轩：《平台战略：正在席卷全球的商业模式革命》，
中信出版社 2013 年版。

陈信宏等：《台湾制造服务化的可能模式：借镜芬兰的政策观
点》，《国际经济情势双周报（台湾）》2008 年第 1 期。

陈宇菲等：《产业集群生态系统的结构、演化及运作机制研究》，
《科技管理研究》2009 年第 10 期。

陈占夺等：《价值网络视角的复杂产品系统企业竞争优势研
究——一个双案例的探索性研究》，《管理世界》2013 年第
10 期。

成斌：《产业集群创新的动力机制研究》，硕士学位论文，电子
科技大学，2008 年。

程德理：《我国大城市郊区产业集群网络创新系统研究》，博士
学位论文，同济大学，2007 年。

程宏伟等：《基于模块化的价值链会计研究》，《会计研究》
2007 年第 3 期。

程李梅等：《产业链空间演化与西部承接产业转移的"陷阱突

破"》，《中国工业经济》2013 年第 8 期。

池仁勇、乐乐：《基于产业集群理论的淘宝村微生态系统研究》，《浙江工业大学学报》（社会科学版）2017 年第 12 期。

崔淼、李万玲：《商业生态系统治理：文献综述及研究展望》，《技术经济》2017 年第 12 期。

丁雪、张骁：《"互联网＋"背景下我国传统制造业转型的微观策略及路径：价值链视角》，《学海》2017 年第 3 期。

董策：《大数据商业生态系统构建及其治理机制研究》，硕士学位论文，广东工业大学，2018 年。

董洁林、陈娟：《互联网时代制造商如何重塑与用户的关系——基于小米商业模式的案例研究》，《中国软科学》2015 年第 8 期。

杜博：《基于价值链的制造业企业服务化实现路径研究》，博士学位论文，哈尔滨工业大学，2010 年。

高寿华等：《生产性服务业与制造业协同集聚研究——基于长江经济带的实证分析》，《技术经济与管理研究》2018 年第 4 期。

龚丽敏、江诗松：《平台型商业生态系统战略管理研究前沿：视角和对象》，《外国经济与管理》2016 年第 6 期。

郭昕：《众创模式与企业成长战略转变研究》，硕士学位论文，上海师范大学，2016 年。

郭予滨：《生产性服务业对制造业技术溢出效应的影响研究——以深圳市为例》，硕士学位论文，深圳大学，2017 年。

国务院发展研究中心"发达国家再制造业化战略及对我国的影响"课题组：《发达国家再制造业化战略及对我国的影响》，《管理世界》2013 年第 2 期。

何地：《企业创新生态系统战略对竞争优势的影响研究》，博士学位论文，辽宁大学，2018 年。

贺小丹、田新民：《高端生产性服务业水平、结构及对制造业渗
　　透性研究——以京津冀地区为例》，《首都经济贸易大学学报》
　　2018 年第 9 期。

侯赟慧、杨琛珠：《网络平台商务生态系统商业模式选择策略研
　　究》，《软科学》2015 年第 15 期。

胡岗岚等：《电子商务生态系统及其演化路径》，《经济管理》
　　2009 年第 6 期。

胡海波、卢海涛：《企业商业生态系统演化中价值共创研
　　究——数字化赋能视角》，《经济管理》2018 年第 8 期。

胡雅蓓、霍焱：《网络嵌入、治理机制与创新绩效——以高科技
　　产业集群为例》，《北京理工大学学报》（社会科学版）2017
　　年第 5 期。

黄群慧、贺俊：《"第三次工业革命"与中国经济发展战略调
　　整——技术经济范式转变的视角》，《中国工业经济》2012 年
　　第 1 期。

黄群慧、霍景东：《中国制造业服务化的现状与问题——国际比
　　较视角》，《学习与探索》2013 年第 8 期。

黄穗光：《传统产业转型升级的路径选择——以汕头为例》，《南
　　方职业教育学刊》2015 年第 3 期。

纪峰：《供给侧结构性改革视角下传统制造业现状与转型对策研
　　究》，《经济体制改革》2017 年第 3 期。

季六祥：《基于 BPR 模式的三级拓展》，《数量经济技术经济研
　　究》2003 年第 8 期。

季六祥、盛革：《集管理与组织再造二元论》，科学出版社 2010
　　年版。

简兆权等：《价值共创研究的演进与展望——从"顾客体验"到

"服务生态系统"视角》，《外国经济与管理》2016年第9期。

简兆权、伍卓深：《制造业服务化的路径选择研究——基于微笑曲线理论的观点》，《科学学与科学技术管理》2011年第12期。

金潇明：《产业集群合作创新的螺旋型知识共享模式研究》，博士学位论文，中南大学，2010年。

李必强、郭岭：《产业平台组织体系及其运行模式研究》，《科技进步与对策》2005年第6期。

李伯虎等：《云制造典型特征、关键技术与应用》，《计算机集成制造系统》2012年第7期。

李伯虎等：《云制造——面向服务的云制造新模式》，《计算机集成制造系统》2010年第1期。

李春发等：《电子商务生态系统的动态演化博弈分析》，《系统科学学报》2015年第4期。

李放等：《全球化视角下中国先进制造模式动态演进研究——华为公司案例分析》，《东北大学学报》2011年第3期。

李放、刘扬：《中国先进制造企业模块化运作与价值网络的构建》，《管理现代化》2010年第4期。

李杰：《中国企业的全球化竞争——基于商业生态系统视角》，《上海管理科学》2019年第12期。

李美云：《广东制造业和服务业融合发展的路径研究》，《岭南学刊》2011年第5期。

李鹏、胡汉辉：《企业到平台生态系统的跃迁：机理与路径》，《科技进步与对策》2016年第10期。

李强、揭筱纹：《信息技术的商业生态系统健康、战略行为与企业价值实证研究》，《管理学报》2013年第6期。

李维安等：《网络治理研究前沿与述评》，《南开管理评论》

2014 年第 5 期。

李玉琼、朱秀英：《丰田汽车生态系统创新共生战略实证研究》，《管理评论》2007 年第 7 期。

李卓迪等：《生产性服务业集聚对制造业升级的空间溢出效应》，《当代经济》2018 年第 7 期。

刘朝阳：《生产性服务业提升制造业效率的路径研究——基于成本路径的中介效应检验》，《社会科学战线》2017 年第 9 期。

刘浩：《产业间共生网络的演化机理研究》，博士学位论文，大连理工大学，2010 年。

刘继国、李江帆：《国外制造业服务化问题研究综述》，《经济学家》2007 年第 3 期。

刘继国：《制造业企业投入服务化战略的影响因素及其绩效：理论框架与实证研究》，《管理学报》2008 年第 2 期。

刘家明：《公共平台建设的多维取向》，《重庆社会科学》2017 年第 1 期。

刘立霞：《天津生产性服务业与制造业的互动关系研究》，《哈尔滨商业大学学报》（社会科学版）2011 年第 5 期。

刘明宇、芮明杰：《价值网络重构、分工演进与产业结构优化》，《中国工业经济》2012 年第 5 期。

刘奕等：《生产性服务业集聚与制造业升级》，《中国工业经济》2017 年第 3 期。

柳晓玲、张晓芬：《业集群生态系统演进及平衡分析》，《辽宁工业大学学报》（社会科学版）2014 年第 5 期。

柳卸林等：《企业创新生态战略与创新绩效关系的研究》，《科学学与科学技术管理》2016 年第 8 期。

柳洲：《"互联网＋"与产业集群互联网化升级研究》，《科学学与科学技术管理》2015 年第 8 期。

罗珉、李亮宇：《互联网时代的商业模式创新——价值创造视角》，《中国工业经济》2015 年第 1 期。

马化腾等：《互联网 + ：国家战略行动路线图》，中信出版社2015 年版。

毛蕴诗等：《劳动密集型产业升级研究——以台湾自行车产业升级为例》，《学术研究》2011 年第 6 期。

毛蕴诗、郑奇志：《基于微笑曲线的企业升级路径选择模型——理论框架的构建与案例研究》，《中山大学学报》（社会科学版）2012 年第 6 期。

穆胜：《释放潜能：平台型组织的进化路线图》，人民邮电出版社 2018 年版。

潘剑英、王重鸣：《商业生态系统理论模型回顾与研究展望》，《外国经济与管理》2012 年第 9 期。

綦良群、张庆楠：《我国装备制造业与生产性服务业网式融合影响因素研究》，《科技进步与对策》2018 年第 7 期。

钱平凡、钱鹏展：《平台生态系统发展精要与政策含义》，《重庆理工大学学报》（社会科学版）2017 年第 2 期。

阮建青等：《产业集群动态演化规律与地方政府政策》，《管理世界》2014 年第 12 期。

佘彩云、谭艳华：《技术创新型企业商业生态系统形成机制探讨——基于深圳市大疆创新科技有限公司的案例分析》，《郑州航空工业管理学院学报》2019 年第 2 期。

石涌江等：《连接商业生态与自然生态，实现中国制造业高质量增长》，《清华管理评论》2018 年第 11 期。

时鹏科：《美国制造业转型升级过程中生产性服务业的发展研究》，硕士学位论文，山东师范大学，2018 年。

史竹琴等：《智能生产共享商业模式创新研究》，《中国软科学》

2017 年第 6 期。

单元媛：《高技术产业融合成长研究》，博士学位论文，武汉理
　　工大学，2010 年。

宋歌：《河南省传统制造业转型升级研究》，《合作经济与科技》
　　2017 年第 12 期。

苏晶蕾等：《生产性服务业集聚对制造业升级影响的机理研究》，
　　《税务与经济》2018 年第 2 期。

孙华平等：《基于全球价值网的产业集群升级研究——以绍兴纺
　　织业集群为例》，《华东经济管理》2012 年第 5 期。

孙林岩等：《21 世纪的先进制造模式——服务型制造》，《中国
　　机械工程》2007 年第 5 期。

唐苗：《互联网平台治理政策结构、演化及其作用研究》，硕士
　　学位论文，电子科技大学，2019 年。

田正：《日本服务业的发展与困境——基于生产性服务业的实证
　　检验》，《日本学刊》2017 年第 3 期。

汪建成等：《由 OEM 到 ODM 再到 OBM 的自主创新与国际化路
　　径——格兰仕案例研究》，《管理世界》2008 年第 6 期。

汪旭晖、张其林：《平台型网络市场"平台—政府"双元管理范
　　式研究——基于阿里巴巴集团的案例分析》，《中国工业经济》
　　2015 年第 3 期。

王成亮等：《生产性服务外包的关系特征和价值网络构建》，
　　《中国流通经济》2011 年第 1 期。

王化成等：《基于价值网环境的财务管理：案例解构与研究展
　　望》，《会计研究》2017 年第 7 期。

王辉：《产业集群网络创新机制与能力培育研究》，博士学位论
　　文，天津大学，2008 年。

王节祥、蔡宁：《平台研究的流派、趋势与理论框架——基于文

献计量和内容分析方法的诠释》，《商业经济与管理》2018 年第 3 期。

王丽平、李艳：《O2O 商业生态系统的价值共创过程模型与机制》，《企业经济》2018 年第 4 期。

王树祥等：《价值网络演变与企业网络结构升级》，《中国工业经济》2014 年第 3 期。

王晓辉：《模块化价值网络中知识转移对企业营销绩效的影响研究》，博士学位论文，山东大学，2010 年。

王雪原、刘成龙：《制造企业服务化初期战略转型模型设计》，《科技进步与对策》2018 年第 1 期。

魏炜等：《从治理交易关系与业务交易关系探讨企业边界及相关命题——一个多案例研究的发现》，《管理评论》2016 年第 4 期。

魏艳秋、高寿华：《"互联网＋"背景下浙江生产性服务业与制造业融合发展研究——基于 VAR 模型分析》，《商业经济研究》2017 年第 7 期。

吴国锋等：《传统制造业的转型升级——基于中山五金企业的实证研究》，《经济研究导刊》2016 年第 16 期。

武文珍、陈启杰：《价值共创理论形成路径探析与未来研究展望》，《外国经济与管理》2012 年第 6 期。

席强敏、罗心然：《京津冀生产性服务业与制造业协同发展特征与对策研究》，《河北学刊》2017 年第 1 期。

夏清华、陈超：《以海尔为案例的中国本土制造企业商业生态重构研究》，《管理学报》2016 年第 2 期。

夏清华、李轩：《乐视和小米公司商业生态构建逻辑的比较研究》，《江苏大学学报》（社会科学版）2018 年第 2 期。

夏永红：《产业集群的创新网络研究——以徐州工程机械产业集

群为例》，硕士学位论文，山东大学，2008 年。

肖磊、李仕明：《商业生态系统：内涵、结构及行为分析》，《管理学家》2009 年第 1 期。

谢洪明等：《平台生态系统成长动因与机理研究——以阿里巴巴集团为例》，《浙江工业大学学报》（社会科学版）2019 年第 3 期。

谢众等：《生产性服务业集聚与我国制造业生产效率——基于微观企业层面的经验研究》，《金融与经济》2018 年第 4 期。

熊励等：《协同商务理论与模式》，上海社会科学院出版社 2006 年版。

许晖、张海军：《制造业企业服务创新能力构建机制与演化路径研究》，《科学研究》2016 年第 2 期。

杨桂菊：《代工企业转型升级：演进路径的理论模型——基于 3 家本土企业的案例研究》，《管理世界》2010 年第 6 期。

杨林、曾繁华：《微笑曲线视角下的我国制造业竞争策略及其演化》，《科技进步与对策》2009 年第 16 期。

杨仁发、汪青青：《生产性服务投入、技术创新与制造业国际竞争力》，《山西财经大学学报》2018 年第 9 期。

杨水利、张仁丹：《智能制造推动我国传统制造业转型升级研究——以沈阳机床集团为例》，《生产力研究》2017 年第 12 期。

于波、范从来：《我国先进制造业发展战略的 PEST 嵌入式 SWOT 分析》，《南京社会科学》2011 年第 7 期。

余东华、芮明杰：《基于模块化的企业价值网络及其竞争优势研究》，《中央财经大学学报》2007b 年第 6 期。

余东华、芮明杰：《基于模块化网络组织的知识流动研究》，《南开管理评论》2007a 年第 4 期。

余菲菲、董飞：《平台生态系统下我国中小制造企业与互联网融合发展路径研究》，《科技进步与对策》2009 年第 1 期。

俞晓晶：《德国生产性服务业发展模式及其影响因素研究》，《上海经济》2017 年第 2 期。

詹浩勇、袁中华：《生产性服务业集聚模式变迁研究——基于集群式价值链网络演进的视角》，《经济与管理研究》2017 年第 6 期。

张福：《多维邻近视角下生产性服务业与制造业融合影响因素研究》，硕士学位论文，广西大学，2017 年。

张虎等：《中国制造业与生产性服务业协同集聚的空间效应分析》，《数量经济技术经济研究》2017 年第 2 期。

张虎、韩爱华：《中国城市制造业与生产性服务业规模分布的空间特征研究》，《数量经济技术经济研究》2018 年第 9 期。

张培等：《基于信任的服务外包治理机制：多案例研究》，《管理评论》2015 年第 10 期。

张祥建、钟军委：《模块化产业网络：技术进步与价值整合研究》，《科技进步与对策》2015 年第 10 期。

张小宁：《平台战略研究述评及展望》，《经济管理》2014 年第 3 期。

张琰：《模块化分工条件下网络状产业链中知识创新研究》，博士学位论文，复旦大学，2008 年。

张永庆、邵云龙：《基于价值链视角的上海市生产性服务业与制造业互动关系检验——基于 VAR 的动态实证分析》，《物流工程与管理》2017 年第 2 期。

张玉华、张涛：《科技金融对生产性服务业与制造业协同集聚的影响研究》，《中国软科学》2018 年第 3 期。

张哲：《基于产业集群理论的企业协同创新系统研究》，博士学位论文，天津大学，2009 年。

赵波：《产业集群特征与创新绩效关系实证研究——以陶瓷产业集群为例》，《软科学》2011 年第 11 期。

赵刚：《美国"再工业化"战略及对我国的影响》，《科技创新与生产力》2010 年第 9 期。

赵进：《产业集群生态系统的协同演化机理研究》，博士学位论文，北京交通大学，2011 年。

赵进、刘延平：《产业集群生态系统协同演化的环分析》，《科学管理研究》2010 年第 2 期。

赵晶、关鑫：《大企业集群治理合约选择的制度基础及演进机理研究》，《南开管理评论》2008 年第 3 期。

赵梅：《骨干型企业商业生态系统的构建和战略要点演变探析——基于阿里巴巴集团和苹果公司的案例分析》，《重庆科技学院学报》（社会科学版）2017 年第 2 期。

赵彦云等：《"再工业化"背景下的中美制造业竞争力比较》，《经济理论与经济管理》2012 年第 2 期。

郑大庆等：《先进制造业与信息化融合类型分析》，《科技管理研究》2010 年第 8 期。

周青、姚景辉：《"互联网＋"驱动企业创新生态系统价值共创行为的作用机理研究》，《信息与管理研究》2019 年第 12 期。

宗文：《全球价值网络与中国企业成长》，《中国工业经济》2011 年第 12 期。

Adner, R., *The Wide Lens: A New Strategy for Innovation*, New York: Portfolio/Penguin Press, 2012.

Alstyne, V., et al., "Pipelines, Platforms, and the New Rules of Strategy", *Harvard Business Review*, 2016, pp. 54 – 58.

Anggraeni, E., et al., *Business Ecosystem as a Perspective for Stud-*

ying the Relations between Firms and Their Business Network, EC-CON Annual meeting, Eindhoven, 2007.

Baldwin, C. and Clark, B. , *Design Rules: The Power of Modularity*, Cambridge, MA, MIT Press, 2000.

Baldwin, C. and Woodard, C. , *The Architecture of Platform: A Unified View*, Cambridge, MA: Harvard University, 2008.

Berger, S. and Lester, R. , *Made by Hong-Kong*, New York: Oxford University Press, 1997.

Bovet, D. and Marha, J. , "Value Nets: Reinventing the Rusty Supply Chain for Competitive Advantage", *Strategy & Leadership*, 2000, pp. 57 – 77.

Bovet, D. and Marha, J. , "From Supply Chain to Value Nets", *Journal of Business Strategy*, 2000, pp. 24 – 28.

Bovet, D. and Marha, J. , *Value Nets: Breaking the Supply Chain to Unlock Hidden Profits*, New York: John Wiley & Sons, 2000.

Brian, H. , *Cloud Computing, Communications of the ACM*, 2008, pp. 9 – 11.

Carliss, Y. , et al. , "The Architecture of Platform: A Unified View", Working Paper, Harvard University, 2008.

Casadesus, M. and Halaburda, H. , "When Does a Platform Create Value by Limiting Choice", *Journal of Economics & Management Strategy*, 2014, pp. 259 – 293.

Ceccagnoli, M. , et al. , "Cocreation of Value in a Platform Ecosystem: The Case of Enterprise Software", *Mis Quarterly*, 2012, pp. 263 – 290.

Chase, R. , et al. , "Service-based Manufacturing: The Service factory", *Production and Operation Management*, 1992, pp. 175 – 184.

Choudary, P. , et al. , *Platform Revolution: How Networked Markets are Transforming the Economy and How to Make Them Work for You*, New York: W. W. Norton and Company, 2016: 1.

Colen, P. and Lambrecht, M. , "Product Service Systems: Exploring Service Operations Strategies", *Science and Information Management Working Paper* 1008, 2010, pp. 6 – 12.

Davidson, S. , et al. , "Strategies for Creating and Capturing Value in the Emerging Ecosystem Economy", *Strategy & Leadership*, 2015, pp. 2 – 10.

Demchenko, Y. , et al. , Defining Architecture Components of the Big Data Ecosystem, Collaboration Technologies and Systems (CTS), 2014 International Conference on. IEEE, 2014: 104 – 112.

Druker, P. , "The Emerging Theory of Manufacturing", *Harvard Business Review*, 1990, pp. 94 – 102.

Fishbein, B. , et al. , *Leasing: A Step Toward Producer Responsibility*, New York: INFORM, 2000.

Fry, T. , et al. , "A Service-oriented Manufacturing Strategy", *International Journal of Operations & Production Management*, 1994, pp. 17 – 29.

Garnsey, E. and Leong, Y. , "Combining Resource-based and Evolutionary Theory to Explain the Genesis of Bio-networks", *Industry and Innovation*, 2008, pp. 669 – 686.

Gawer, A. and Cusumano, M. , "How Companies Become Platform Leaders", *MIT Sloan Management Review*, 2008, pp. 28 – 35.

Gawer, A. and Cusumano, M. , "Industry Platforms and Ecosystem Innovation", *Journal of Product Innovation Management*, 2014, pp. 417 – 433.

Gebauer, H. , "Identifying Service Strategies in Product Manufacturing Companies by Exploring Environment-strategy Configurations", *Industrial Marketing Management*, 2008, pp. 278 – 291.

Gereffi, G. , "The Governance of Global Value Chains", *Review of International Political Economy*, 2005, pp. 89 – 93.

Goedkoop, M. , et al. , "Product-service System, Ecological and Economic Basics", Ministry of Housing, Spatial Planning and the Environment Communications Directorate, the Hague, the Netherlands, 1999.

Hagiu, A. and Wright, J. , "Multi-sided Platforms", *International Journal of Industrial Organization*, 2015, pp. 162 – 174.

Hartigh, E. , et al. , "The Health Measurement of a Business Ecosystem", Paper Presented at the ECCON 2006 Annual Meeting, 2006.

Haspeslagh, P. and Jemison, D. , *Managing Acquisitions: Creating Value Through Corporate Renewal*, New York: The Free Press, 1991.

Iansiti, M. and Levien, R. , *Keystones and Dominators: Framing the Operational Dynamics of Business Ecosystem*, Boston: Estados Unidos, 2002.

Iansiti, M. and Levien, R. , "Strategy as Ecology", *Harvard Business Review*, 2004, pp. 69 – 78.

Iansiti, M. and Levien, R. , "The Keystone Advantage: What the New Dynamics of Business Ecosystems Mean for Strategy, Innovation, and Sustainability", *Future Survey*, 2004, pp. 88 – 90.

Iansiti, M. and Levin, R. , *Keystones and Dominators: Framing the*

Operational Dynamics of Business Ecosystems, Boston: Harvard Business School Press, 2010.

Isaksen, A. and Kalsaas, B. , "Suppliers and Strategies for Upgrading in Global Production Networks the Case of a Supplier to the Global Automotive Industry in a High-cost Location", *European Planning Studies*, 2009, pp. 569 – 585.

Isckia, T. , "Amazon's Evolving Ecosystem: A Cyber Bookstore and Application Service Provider", *Canadian Journal of Administrative Sciences*, 2009, pp. 332 – 343.

Janssen, M. and Estevez, E. , "Lean Government and Platform-based Governance-doing More with Less", *Government Information Quarterly*, 2013, pp. 1 – 8.

Keeble, D. , et al. , "Collective Learning Processes, Networking and Institutional Thickness in the Cambridge Region", *Regional Studies*, 1999, pp. 319 – 332.

Kim, H. , et al. , "The Role of IT in Business Ecosystems", *Communications of the ACM*, 2010, pp. 151 – 156.

Kindstrom, D. , "Towards a Service-based Business Model: Key Aspects for Future Competitive Advantage", *European Management Journal*, 2010, pp. 479 – 490.

Korhonen, J. , "Four Ecosystem Principles for an Industrial Ecosystem", *Journal of Cleaner Production*, 2001, pp. 253 – 259.

Levin, R. , *On the Edge in the World of Business*, Chicago: Press of University of Chicago, 1999.

Liu, G. and Rong, K. , "The Nature of the Co-evolutionary Process: Complex Product Development in the Mobile Computing Industry's Business Ecosystem", *Group & Organization Management*, 2015, pp. 358 – 365.

Lyu, M., et al., editors, "Evolution of the Business Ecosystem: A Case Study of the Walt Disney Company", International Conference on Information Management, Innovation Management and Industrial Engineering, 2014.

Mäekinen, S. and Dedehayir, O., editors, "Business Ecosystem Evolution and Strategic Considerations: A Literature Review", International Ice Conference on Engineering, Technology and Innovation, 2012.

Mekinen, S., et al., "Investigating Adoption of Free Beta Applications in a Platform-based Business Ecosystem", *Journal of Product Innovation Management*, 2014, pp. 451 – 465.

Meliciani, V. and Savona, M., "The Determinants of Regional Specialisation in Business Services: Agglomeration Economies, Vertical Linkages and Innovation", *Journal of Economic Geography*, 2015, pp. 387 – 416.

Moore, J., "Predators and Prey: A New Ecology of Competition", *Harvard Business Review*, 1993, pp. 75 – 86.

Moore, J., *The Death of Competition: Leadership and Strategy in the Age of Business Ecosystems*, New York: Wiley Harper Business, 1996.

Moore, J., "The Rise of a New Corporate Form", *Washington Quarterly*, 1998, pp. 167 – 181.

Neely, A., "Exploring the Financial Consequences of the Servitization of Manufacturing", *Operations Management Research*, 2008, pp. 103 – 118.

Oliva, R. and Kallenberg, R., "Managing the Transition from Products to Services", *International Journal of Service Industry Management*, 2003, pp. 160 – 172.

Panchak, P. , "The Feature of Manufacturing: An Interview with Peter Druker", *Industry Week*, 1998, pp. 9 – 20.

Parker, G. and Van, Alstyne A. , *Digital Postal Platform: Definitions and Roadmap*, Cambridge, MA: The MIT Center of Digital Business, 2012.

Peltoniem, M. and Vuori, E. , "Business Ecosystem as the New Approach to Complex Adaptive Business Environments", Paper Presented at Frontier of E-business Research 2004, Tampere, Finland, 2004: 1 – 34.

Piepenbrock, T. , "Toward a Theory of the Evolution of Business Ecosystems: Enterprise Architectures, Competitive Dynamics, Firm Performance & Industrial Co-evolution", *Massachusetts Institute of Technology*, 2009, p. 14.

Powell, W. , "Neither Market Nor Hierarchy: Network Forms of Organization ", *Research in Organizational Behavior*, 1990, pp. 295 – 336.

Power, T. and Jerjian, G. , *Ecosystem: Living the 12 Principles of Networked Business*, London: Harlow FT, 2001.

Prahalad, K. and Hamel, G. , "The Core Competence of the Corporation", *Harvard Business Ruview*, 1990 (7), pp. 79 – 91.

Prahalad, K. , "Co-opting Customer Competence", *Harvard Business Review*, 2000 (12), pp. 79 – 90.

Prahalad, K. and Ramaswamy, V. , "Co-creation Experiences: The Next Practice in Value Creation", *Journal of Interactive Marketing*, 2004 (3), pp. 5 – 14.

Quinn, J. , *Intelligent Enterprise: A Knowledge and Service Based Paradigm for Industry*, New York: Simon & Schuster, 2002.

Radhika, C. , et al. , "Business Ecosystems-to Dominate in the Modern Business", *IJSR-International Journal of Scientific Research*, 2013, pp. 354 – 355.

Rajiv, R. and Rajkumar, B. , "Handbook of Research on Scalable Computing Technologies", *IGI Global*, 2009, pp. 191 – 217.

Rebecca, P. , et al. , "Motives and Resources for Value Cocreation in a Multi-stakeholder Ecosystem: A Managerial Perspective", *Journal of Business Research*, 2016, pp. 4033 – 4041.

Reilly, T. , "Government as a Platform", *Innovations*, 2010 (6), pp. 13 – 40.

Reiskin, E. , et al. , "Servicizing the Chemical Supply Chain", *Journal of Industrial Ecology*, 2000, pp. 19 – 31.

Rong, K. , et al. , editors, "From Value Chain, Supply Network, Towards Business Ecosystem (BE): Evaluating the BE Concept's Implications to Emerging Industrial Demand", IEEE International Conference on Industrial Engineering and Engineering Management, 2010.

Rong, K. , et al. , "Linking Business Ecosystem Lifecycle with Platform Strategy: A Triple View of Technology, Application and Organisation", *International Journal of Technology Management*, 2013, pp. 75 – 94.

Simon, P. , *The Age of the Platform: How Amazon, Apple, Facebook, and Google Have Redefined Business*, Motion Publishing, 2011, p. 1.

Stabell, C. and Fjeldstad, D. , "Configuring Value for Competitive

Advantage: On Chains, Shops, and Networks", *Strategic Management Journal*, 1998, pp. 413 – 437.

Szalavetz, A. , "Tertiarization of Manufacturing Industry in the New Economy: Experiences in Hungarian Companies", *Hungarian Academy of Sciences Working Papers*, No. 134, March, 2003.

Tan, A. , et al. , "Strategies for Designing and Developing Services for Manufacturing Firms", *CIRP Journal of Manufacturing Science and Technology*, 2010, pp. 285 – 292.

Teece, D. , *Business Ecosystem*, England: The Palgrave Macmillan UK, 2016.

Tiwana, A. , *Platform Ecosystems: Aligning Architecture, Governance, and Strategy*, San Francisco: Morgan Kaufmann Publishers Inc. , 2013.

Tiwana, A. , et al. , " Research Commentary-Platform Evolution: Coevolution of Platform Architecture, Governance, and Environmental Dynamics", *Information Systems Research*, 2017 (1), pp. 675 – 87.

Vandermerwe, S. and Rada, J. , "Servitization of Business: Adding Value by Adding Services", *European Management Journal*, 1988 (9), pp. 314 – 324.

Vargo, L. and Lusch, F. , "Evolving to a New Dominant Logic for Marketing", *Journal of Marketing*, 2004, 68 (1): 1 – 17.

Vargo, L. and Lusch, F. , "Institutions and Axioms: Anextension and Update of Service Dominant Logi", *Journal of the Academy of Marketing Science*, 2016 (2), pp . 5 – 23.

Visnjic, I. , *Servitization: When is Service Oriented Business Model Innovation Effective*, Service Science Management and Engineering, 2012 (1), pp . 30 – 32.

Visnjic, K. , et al. , "Steering Manufacturing Firms Towards Service Business Model Innovation", *California Management Review*, 2013 (8), pp. 100 – 123.

Westerlund, M. , et al. , "Designing Business Models for the Internet of Things", *Journal of Radioanabytical & Nuclear Chemistry*, 2014 (5), pp. 1405 – 1408.

White, A. , et al. , *Servicizing*: *The Quiet Transition to Extended Product Responsibility*, Boston: Tellus Institute, 1999.

Xu Xun, "From Cloud Computing to Cloud Manufacturing", *Robotics and Computer-Integrated Manufacturing*, 2012 (9), pp . 75 – 86.

Yoo, S. , et al. , "Business Ecosystem and Ecosystem of Big Data", *International Conference on Web-Age Information Management*, 2014 (7), pp. 337 – 348.

Yuan Jun, et al. , "A Study of Optimal Allocation of Computing Resources in Cloud Manufacturing Systems", *The International Journal of Advanced Manufacturing Technology*, 2012 (3), pp. 671 – 690.

Zahra, S. and Nambisan, S. , "Entrepreneurship and Strategic Thinking in Business Ecosystems", *Business Horizons*, 2012 (7), pp. 219 – 229.

Zhang, J. and Liang, X. , "Business Ecosystem Strategies of Mobile Network Operators in the 3G Era: The Case of China Mobile", *Telecommunications Policy*, 2011 (2), pp. 156 – 171.

Zhao, Rongyong, et al. , "A Technical Solution of Service Cloud Building for Energy-saving and Emission-reduction in Manufacture Industry", *Advanced Materials Research*, 2012, pp. 361 – 363.

后　记

　　本书是作者完成的国家社会科学基金项目"商业生态系统与制造企业价值网平台战略研究"的重要研究成果。本书内容研究历经 6 年，肇庆学院给予了大力支持，在资料收集、实地调研过程中得到了相关企业和地区政府部门的协助。本书出版得到了砚园学术·肇庆学院学术著作出版资助金资助，在此表示感谢！

作　者

2021 年 4 月